Waking Up in 5D
A Practical Guide to Multidimensional Transformation

新時代覺活

── 第五次元高層次美好生活體驗 ──

莫琳・聖傑曼 **Maureen J. St. Germain** 著　林資香 譯

本書讚譽

「莫琳能縱觀大局，並將其提煉成可管理的精華。她愛她的讀者，而且眼界超前，提供了一個充滿慈悲心的可行方法，教導讀者如何融入這個星球第五次元的新能量之中。她對於次元與經驗的描述，清楚地表明了大部分正在閱讀這本書的人，可能至少有一次『第五次元覺醒』的經驗！你如何保持在第五次元的狀態下？讀這本書吧！」

——蘇珊・舒姆斯基（Susan Shumsky）
《神聖啟示》（*Divine Revelation*）作者

「假設我們最迫切需要的東西已經存在於我們之內；我們的任務就是覺醒過來，領悟到自己的本來面貌與所本具的一切。莫琳・聖傑曼在她深具啟發性的《新時代覺活》一書中，說明如何做到這一點。這本書要告訴我們，如何喚醒內在的力量來提升生命，讓我們得以在這個紛擾的星球上持續生存與壯大。」

——麥可・葛羅索（Michael Grosso）博士
《會飛的男人》（*The Man Who Could Fly*）作者

「莫琳・聖傑曼所描述的一切，對那些無意或有意找到自我意識，並有能力據此行動及生活的人來說，深具代表性。第五次元的思維轉換，就像一次瀕死後重生的經驗（包括孩童及成人）。她提供的每個步驟、冥想法，以及每一趟通過智慧、直覺和全知之心的正念旅程，都在重塑我們的生命。《新時代覺活》是真正的指引，打開了那扇通往我們大部分人遲早都會去的所在之門。」

——P. M. H. 阿特沃特（P. M. H. Atwater）
人文科學博士、瀕死研究先驅
《人類潛能發展手冊》（*A Manual for Developing Humans*）作者

「莫琳提供了非常棒的資訊與工具，幫助讀者開發並持續潛入一個更高層次、更進化的意識之中。對任何想要擺脫掙扎抗爭、走向和平的人來說，這是一次完美的閱讀體驗。善用莫琳所提供的工具，你會發現你的世界正在以一種美好且強大的方式發生改變。」

——阿利亞・道（Aleya Dao）
《意識七杯》（*Seven Cups of Consciousness*）作者

「這是一本非常及時的出色作品，把實用性與神祕的證據巧妙地交織在一起，揭示許多人正在經歷的深刻意識轉變。《新時代覺活》充滿了個人魅力，汲取自作者生活中深具洞察力的例

子與故事。對意識到第五次元現實的人來說，這本書不啻一個
珍貴的確證；而對渴望改變的人，本書更是無價之寶。」

——提摩西・韋利（Timothy Wyllie）
《叛逆天使的自白》（*Confessions of a Rebel Angel*）作者

「這本書不僅要被閱讀，更應該身體力行。莫琳才華洋溢的光
芒，在這本進化之作中熠熠生輝。書中所提供的工具、技巧及
教導，對於人類意識的擴展確實是偉大的貢獻。對所有讀者來
說，這本書就是禮物及祝福。」

——洛里・安・斯帕尼亞（Lori Ann Spagna）
《輕鬆實現》（*Manifestation Made Easy*）作者

「《新時代覺活》包括簡單的練習與做法，盡可能描述出你所
需要的實際步驟，用以克服深受限制的三次元世界觀。我強力
推薦這本書給所有已準備好改變、並勇於提出及解決真正問題
的人。」

——桑德拉・斯奈德（Sondra Sneed）
《如何面對死亡》（*What to Do When You're Dead*）作者

「明確、耳目一新、見解深刻，這本書提供實用的指引來改變
想法、振動、意識，以進入一個全新的八度音階，並在過程中
改變你的人生。本書很好地提醒我們，要如何活得更從心所

欲、更優雅，我強烈推薦！」

——翠西亞・麥卡農（Tricia McCannon）

《回歸聖索菲亞》（*Return of the Divine Sophia*）作者

「《新時代覺活》提供創新的工具，使我們得以從相反的兩個極端進入合一，做一次意識的量子跳躍。莫琳精心編織出這幅美好的織錦，帶著我們逐漸靠近高我並走進多次元生活。」

——丹妮爾・拉瑪・霍夫曼（Danielle Rama Hoffman）

《意識進化的光之密碼》（*The Tablets of Light*）作者

「《新時代覺活》是一本針對東歐和歐洲另類意識的全面調查。莫琳的指導和冥想（包括高我練習）既是對自我的要求，同時也是回報。」

——D. S. 利文拉斯（D. S. Lliteras）

《雨的音節》（*Syllables of Rain*）作者

「這本書將讓你清楚了解到，我們的世界觀正在發生多大的改變。看完這本書，你會發現第五次元發生了什麼、改變了什麼，以及有什麼正在等待著我們。」

——瑪德琳・格維克（Madeline Gerwick）

《掌握好時機》（*The Good Timing Guide*）作者

本書獻給

　　重返地球的龍，牠們教導所有人何謂明心見性，並幫助我們做出最好的決定。

　　我最愛的龍化身是一個叫德芙拉‧雅各布斯（Devra Jacobs）的女人，她與龍能量一起工作，友善親切、不屈不撓，樂於提供他人支持與幫助，就像存在於世界上、但我們看不見的那些龍一樣。

特別感謝凱莉‧奈特（Kelley Knight）、恩德雷‧巴洛（Endre Balogh）、雅妮絲‧傑飛（Janiece Jaffe）、泰瑞‧楊（Terri Young）、希薇亞‧查佩爾（Sylvia Chappell），以及給予我諸多啟發的優秀學生們。

目次
CONTENTS

前　言　當代人類的使命：從第三次元揚升到第五次元·013

- 接通你的高我，改變遊戲規則
- 聽從心的指引
- 意識與科學
- 創造人間天堂
- 來自其他導師的觀點

第 1 章　第五次元的覺醒時刻……………………023

- 與另一個版本的你連結
- 改變對「可能」的認知
- 哪些狀況會阻礙你進入第五次元
- 提升你的覺醒體驗
- 建立與高我的連結
- 活化你的意圖，激發你的潛能
- 助人三要件：喜悅、耐心及誠實
- 做好這些事，投資你的未來
- 優雅地度過第三次元變動

第 2 章　從線性思考到多元訊息的處理能力………049

- 截然不同的思考方式
- 多元的人生版本選擇
- 超越二元對立
- 阻礙你前進的存在
- 你具備創造不同結果的能力
- 培養深刻的信任
- 走出舒適圈，給自己一個創造契機

第 **3** 章　**揚升與第五次元的認識**⋯⋯⋯⋯⋯⋯⋯**079**

- 什麼是揚升？
- 如何知道自己進入了第五次元？
- 第一次元到第五次元
- 第三次元到第五次元的真實體驗
- 讓阻礙消失的關鍵

第 **4** 章　**歡迎進入第五次元**⋯⋯⋯⋯⋯⋯⋯⋯⋯**117**

- 請求神聖者的協助
- 喚起決定的力量，駐留在第五次元
- 身體、心智及靈魂的復甦
- 關於業力的聲明
- 第五次元的連結訊號
- 更自然明確的人生選擇

第 **5** 章　**辨識情緒能量與次元狀態**⋯⋯⋯⋯⋯⋯**149**

- 情緒的誤用與控制
- 阻礙你前進的情緒
- 恐懼與無所畏懼
- 識別情緒與轉化情緒
- 清理你的情緒體
- 如果你是光之工作者

第 **6** 章　**第五次元的語言力量**⋯⋯⋯⋯⋯⋯**175**

- 為什麼要學第五次元的語言？
- 一字一句地做出改變
- 詛咒或罵人的話
- 你問對問題了嗎？
- 與高我的溝通及連結

第 **7** 章　**時間與空間的擴展體驗**⋯⋯⋯⋯⋯**193**

- 時間的真相和運用
- 為什麼你會被時間綁死？
- 擺脫時間的掌控
- 時間是什麼？
- 第五次元的時間
- 來自時間之主的訊息

第 **8** 章　**屬於你的第五次元之路**⋯⋯⋯⋯⋯**225**

- 第五次元的基本美德
- 做出第五次元的判斷及反應
- 靈性道路的引路人
- 地球的守護者
- 我需要犧牲或放棄什麼？
- 前世與今生的交會
- 其他版本的你
- 與小我打交道
- 第五次元的兩性特質切換

第 **9** 章　**更高層次的次元環境**⋯⋯⋯⋯⋯**251**

- 多重次元的體驗
- 第六次元到第九次元

- 第十次元到第十三次元
- 辨識各個次元的特質
- 各個次元的運作基礎
- 次元轉換

第 **10** 章　進入多重次元並活化高階脈輪⋯⋯⋯⋯**267**

- 如何活化第三眼？讓松果體帶你進入不同次元
- 連結高階脈輪
- 地球之星：零脈輪
- 冥想：將心智、身體與靈性協調一致
- 第五次元梅爾卡巴冥想法
- 如何學習梅爾卡巴冥想？
- 梅爾卡巴冥想法的練習
- 語音啟動的價值
- 新工具的出現

第 **11** 章　與龍共舞，召喚神龍的意外驚喜⋯⋯⋯**301**

- 龍為何出現於此時此刻？
- 如何召喚你的神龍？
- 機緣巧合與共時性

第 **12** 章　在意識升級的時代，如何改變實相？⋯⋯**325**

- 超越二元對立
- 你能做什麼？
- 鼓舞人心的光之訊息
- 你可以讓改變發生

相關資源　⋯⋯⋯⋯⋯⋯⋯⋯⋯⋯⋯⋯⋯⋯**341**

參考資料　⋯⋯⋯⋯⋯⋯⋯⋯⋯⋯⋯⋯⋯⋯**349**

當代人類的使命：
從第三次元揚升到第五次元

　　你是否曾經想過自己該在這個星球做些什麼？你是否曾經質疑過為何這個星球充滿了暴力與痛苦？如果你正在讀本書，那麼來到地球的你，或許正是解決地球問題的力量之一；而你的任務就是創造出人間天堂。本書將會幫助你一步步做到這一點。要成為解決地球問題的一股力量，需要兩階段的方法：第一階段是找出一種新方式來重新看待你自己與這個現實世界，第二階段是選擇一個積極主動的存在方式，跟不斷在進化的理解力相輔相成。

　　這本書將提供給你兩階段的指引。首先是會深化你對第三次元與其他次元的了解，尤其是第五次元，它可以清楚地被描繪為所有人所稱頌的「天堂」；然而，第五次元不是我們要去的地方，而是一種我們正在形成的振動！因此，你不必離開「這裡」，才能到「那裡」去。事實上，你已經就定位，站在你該在的位置了。當你開始意識到第三次元與第五次元的差異時，就更容易為進入第五次元做好準備——轉變已就緒，就等

著你到來。而且，做法遠比你想的還要簡單。那麼，第四次元呢？這是你前往第五次元時會經過的次元，我們會在稍後篇章說明。

　　此外，我還會提供你如何運用這個新理解的策略與技巧。我的工作，就是幫助你了解正在發生什麼、為什麼會發生、應該怎麼做，以及如何採取積極主動的作為來應對。我是個神祕主義者，身邊永遠跟隨著一位可以直接連結到源頭（Source）的指引者；我在此分享的所有內容，都是經由我的指引者所傳達的訊息。

　　第五次元的經驗對人類的未來非常重要。科學、哲學及靈性三者的結合，是一個新興的概念；促使我們醒悟的一記當頭棒喝，正是要讓我們了解：我們與意識有深入的連結，以及科學、本質及哲學正在融合成一種新的存在方式──第五次元的覺醒，堪稱是打破傳統的典範轉移。

　　當然，這本書不是只談你個人的第五次元覺醒，而是關於全人類的覺醒，從而改變舊有的觀念、想法、視角及思考模式。書中還會教你一些技巧，包括第五次元的語言──其特色是遣辭用句沒有貶義也無偏頗，主張平等而多元化。

　　近二十年來，我一直在課堂上教授學生次元的相關知識；如今，我已準備好要分享關於次元轉換的完整見解，並在這本書中提供你機會去消化這些強大的知識，以及擴展你的所有可

能性。科學家與神祕主義者都同意，在次元中所發生的事，遠遠超過人類感官所能察覺到的範圍；事實上，深入探討次元是什麼以及它們是如何組成的，都會使我們獲益良多。有了這樣的理解之後，你會開始相信你的確已經超越了第三次元，並且還在持續擴展你的覺知與體驗。

接通你的高我，改變遊戲規則

與高我（Higher Self）合作，是你在第五次元覺醒的一個關鍵，我也會在這本書中引導你往這個方向前進。與高我建立連結就像一把鑰匙，可以用來解開所有問題。你的高我與低我（lower self）截然不同，低我提供你直覺，同時卻與小我（ego）及欲望綑綁在一起。你的低我是被動的、消極的，而高我是主動的、積極的；你的高我能夠洞燭機先，而低我只能隨波逐流。

連結到你的高我將能改變遊戲規則。在第一章中，我會介紹一個能幫你連結到高我的練習。最終，你會將這個理解運用在你知道的所有一切上面，從而大幅擴展你那顆充滿了愛的心。高我會讓你保持正直誠實，有很多次當我做決定時，都會選擇先跟高我溝通後，再依照它提供的資訊來幫自己選擇完全不同的方向，同時擁有更多第五次元的體驗。

　　我們都在被推動著往前走，尋找不同版本的自己，並以截然不同的新途徑來解決面前的問題與挑戰。在這本書裡，我會傾盡所知來教導你，這些知識是光，將能照亮你前進的道路；然而，你不必對我的話照單全收，透過你與高我的連結，你有能力而且必須自己去驗證。

聽從心的指引

　　進入第五次元是一種頻率選擇。當你從較高的頻率跌落下來時，可以根據你在這本書中學到的知識幫你再次重返。這也意味著，你進入第五次元不是一路暢通無阻，也不能保證你進入後就能一直待在那裡。當然，一旦你進去過，就會越來越熟門熟路，越來越容易進入。如果你落回到第三次元，這種往返運動會持續搖擺振盪，直到你有能力一直維持在較高的頻率狀態為止。

　　這或許是最令你難以理解的概念之一。想想那個跟你很親密的人，你如何艱難地面對一些發現，或許你先是氣憤，接著是感到受傷，然後覺得自己沒事了；但過沒多久，你又感到氣憤、傷心……如此往返循環。你要「用心」去感受，方法就是覺知到這些感受的流動；然後從「覺得自己沒事了」轉換到能夠去同情他人、體諒他人的處境。怎樣才能做到這一點呢？方

法之一就是使用「荷歐波諾波諾」（Ho'oponopono）的自我清理法，簡單來說，這個夏威夷的古老療法就是這四句話：「請原諒我，對不起，我愛你，謝謝」，你要一遍遍地在腦海中複誦。這個自我清理法是由夏威夷治療師莫兒娜‧納拉瑪庫‧西蒙娜（Morrnah Nalamaku Simeona）所發展及傳授，其後由喬‧維泰利（Joe Vitale）發揚光大。下次當你注意到，你冷酷的心在阻礙你走向慈悲時，不妨試一試這個方法。

心會引領著我們的道路。如果你有個理智的好頭腦，使用它，然後讓你的心來決定。這意味著，你應該繼續前進，讓理智帶著你經歷各種情緒，但同時不要逗留，你要繼續前進。不要因為負面、消極的情緒而停下腳步，你的心會引領你的道路，沒有什麼比這一點更重要！

你可以自由決定要如何去解讀發生在你身上及周遭的事。我記得買過一張生日賀卡送給我的繼父，卡片上有個女人開著車子停在紅綠燈前，做著白日夢，後面有一長排的車子都在等她發動車子。旁邊的文字是這麼寫的：「今天我開車外出時想到你的生日，在紅燈變綠燈時，我身後的所有車子突然開始按喇叭為你歡慶！他們人可真好啊，不是嗎？」把汽車駕駛按喇叭的行為解讀為喜歡你或與你同歡，這樣的感覺真的很棒也很妙，多好的點子！

想像一下，你是否能把自己收到的任何反饋，都視為別人

在幫你、支持你？我知道我的繼父一定愛死了那張賀卡，雖然他喜歡我，但其實並不了解我在做的事。他一直都認為，不論我做什麼，我這輩子一定都擺脫不了虛無縹緲的東西。他覺得更奇怪的是，居然還會有人喜歡這種「故弄玄虛」的東西。

我一再被我所體驗到的世界所鼓舞及啟發，而且一次次地發現，發生在真實世界中的各種關聯性不斷在證實我的理解。有一件事是肯定的，那就是：未來充滿了不確定性。儘管我們可以在一定程度上預見未來，但如何發生以及何時發生卻完全取決於我們。全人類一起創造一個以心為指引、充滿愛的未來，是我們義不容辭的責任。

意識與科學

意識是什麼？我們是環境的產物嗎？意識是來自於我們，或是被環境所影響？我們可以改變環境嗎？我們可以改變意識嗎？如今科學家與神祕主義者正在聯手探討什麼是可能的，以及什麼是可信的。例如自一九九四年起，亞利桑那大學就開始主辦「意識科學」（The Science of Consciousness）的年度會議，與會者除了傑出的科學家和數學家之外，也包括靈性領域及整體／替代醫學界的專家，比如狄帕克・喬布拉（Deepak Chopra）、史都華・哈默洛夫（Stuart Hameroff）以及羅傑・

潘洛斯爵士（Sir Roger Penrose）。

在這樣的聚會中，我們終於得見科學與靈性共冶一爐；狄帕克‧喬布拉、偉恩‧戴爾（Wayne Dyer）、桂格‧布萊登（Gregg Braden）、納西姆‧哈拉明（Nassim Haramein）等人，都展現出科學與心靈結合的深遠意義與價值。主流與同儕評審的研究資料一致同意，意識是相互連結的，因此人類的生命也與萬物生命連結在一起。儘管意識的真正意義尚未被完全理解或達成共識，但許多科學家與哲學家都同意，意識是一種基於個人主觀經驗的內在體驗。每個人都有這種內在覺知，但有些內在覺知可能是相同或類似的，而另一些則完全不一樣。因此，內在覺知可以說是兼具個人及普世的兩種特質。許多經歷過我稱之為宇宙意識的人，都能辨識並感受到存在於宇宙意識中的純粹真理與思想。當研究人員拿同樣的問題去問受到致幻劑或催眠療法影響的人時，都會得到類似的答案，這就是內在覺知的普遍性；而說內在覺知具備主觀性，則是因為我們會以個人的偏見與經驗去影響它。此外，我相信意識是生命之源，而有些適用於全人類的共通概念也等著我們去取用。

雖然意識並非一切，但我們對它忽視已久；如今，它的重要性已經讓人無法置之不理了。我年輕時就已經知道了一個真相：許多真理直接來自於意識。當你覺醒時，你也會看見並知道這些真理，而且不用問「為什麼」。我告訴你的這個訊息，

你可以把它寫在日記上，並請求確認和驗證，答案終會出現。

創造人間天堂

　　你是容器，而意識是從你內在冒出來的泡泡。你的管子可以是狹窄的或巨大的，完全由你決定；你可以用意志或意圖去打開它，也可以用恐懼、批評、憤怒、沮喪及其他負面情緒去關上它。

　　在我剛開始從事靈性工作時，有人曾經教導我如何請求擁有「人間天堂的一天」，你也可以這麼做。首先，使用一句簡單的祈禱詞，讓每一天都能過得很好：「我請求我以及身邊的每個人，都能擁有人間天堂的一天。」一開始，我意識到心中所想的往往是充滿挑戰的一天，接著我會自我調侃並糾正，說出另一句話來取代前一句：「我這一天過得像在人間天堂。」而結果令人驚喜！在我第三次說出這句「肯定語」後，我意識到，我每天都可以做出這個請求——你也可以！

來自其他導師的觀點

　　二〇一二年十二月二十一日，是馬雅大週期（Great Mayan Cycle）結束以及新世紀（New World Age）開始的一天。

我被亨巴茨・門（Hunbatz Men）選中，成為一群催生新世紀的靈性導師與追尋者的成員之一。亨巴茨・門最初在猶加敦（Yucatán）的馬雅神廟奇琴伊察（Chichén Itzá）寫下馬雅曆法將於二〇一二年十二月冬至結束，他當時還說：「現在，是女性作為靈性導師來領導我們的時代了。」女性不再沉默，不僅如此，這還是你內在神聖女性的時代，也是男女兩性身上神聖女性與神聖男性得到平衡的時代！在第八章，我們會更深入探討這個主題。

我寫這本書，不是探討其他人做的事會限制你或支持你，即便那些能量是真實存在的。相反的，在這本書中，我提到了幾個關鍵：其一，聲明你與生俱來的權利；其二，理解你的現實世界；其三，學習如何共同創造一個新版本的人間天堂。你們每個人都會發現這個天堂的門永遠都敞開著，等著你決定下一步怎麼做。主流知識一心想要維持現狀，但顯然的，宇宙完全不認同。就是現在，你要做出選擇，成為新時代的一員，站出來貢獻你的一己之力，並在第五次元中覺醒過來！

第 1 章
第五次元的覺醒時刻

　　第五次元的空間充滿了無條件的愛，在這樣的振動頻率中，你退除了所有恐懼，慈悲主導著你的所有情緒。正如前言所說，第五次元是傳統宗教所說的天堂，那是人類正在前往並即將抵達的下一個所在。事實上，許多人已經踏進第五次元的國度了。

　　我們往往認為自己身處在三度空間之中，但事實上，我們目前的位置都比第三次元還要高，其中大多數人的位置都略高於第三次元與第四次元的中間點（確切來說是在 3⅝ 之處）。這個數值看起來很奇怪，但你可以用度量衡的計算方式代入。就像電梯可以停在三樓，也可以停在三樓及四樓之間。

　　所有的次元都像俄羅斯娃娃一樣，層層套疊在一起。第四次元雖然不同於第三次元，但你可以同時體驗到這兩個次元。第五次元與第三次元極為相似，以至於你一開始可能不會注意到兩者的差異；但隨著你逐漸體驗到更高的次元，你會越來越能平靜，並在這樣舒緩的感受中辨識出更高的頻率。從這個新

的有利位置（第四或第五次元），你會抱持著感恩、慈悲及冷靜的心態去關注並體驗較低的次元。

※ 【練習】情境劇：「如果……會怎樣？」

當你覺知到有些事物不合邏輯時，就是一個良好的指標，表示你實際上已經接上了你在第五次元版本的自己。

1. 當這種情況發生，而且你也發現到不合理之處時，不妨花些時間連結上「大地之母」（Mother Earth）。想要快速接通大地之母，你可以透過身上的普拉納管（pranic tube）* 傳送出主軸能量，讓它從你的尾骨往上一路延伸出來。許多薩滿儀式都有這個「接地」（grounding）儀式。

2. 接著，在你腦海中構想一個「如果……會怎樣？」的情境，堅稱這個情境是真實的，要求進入其中，並釋出你的想法；然後安靜地等待。

3. 你將會驚訝地發現，這個練習能夠多麼迅速地為你帶來清晰的理解與訊息。

---

* 編按：「普拉納管」是指從身體的會陰直接往上到達頂輪的這條管道，有時也稱為中柱。在這條無形的管道中，充滿了被稱為普拉納（即生命力）的生命能量。

這個練習的結果之一，是你的觀點將會不再受到時間限制。如果你能接受它是可能的，它就能成為一個神奇的體驗，並且帶來深沉的平靜與不可言喻的慈悲心。你要允許自己去體驗它、注意它，等到自己能接受時，再來談論它。

與另一個版本的你連結

覺醒，就是意識到永恆的現在是你所擁有的一切。第五次元的覺醒，與你從睡夢中醒來的狀態完全不一樣，這一點當然顯而易見，但為了方便討論，我們還是要特別強調一下。你將會發現，隨著第五次元的體驗越來越多，你的休息與睡眠會變得越來越深沉。你可能會發現，你很難在早上或打盹時「清醒過來」。這是真的。在第五次元覺醒的人都會有這種現象，因為你正在更深入地與其他版本的你建立連結，從而喚醒真正那個你的內在覺知。

對許多西方人來說，醒過來是指利用鬧鐘或鬧鈴一類的外在裝置，將自己從睡夢中喚醒；各種不同的鬧鐘或鬧鈴裝置，成為我們身體已經適應的科技之一，目的是打斷我們的睡眠。即便如此，還是有許多人靠著自己的內在時鐘，把自己從睡眠中喚醒。有些人可能注意到，即使設定了外在的鬧鐘，還是會在鬧鐘響起前就自行醒過來。有些人則是被內在的「嗡時鐘」

（Om clock）舒緩地喚醒。或是一種會發散出柔和光線的光鬧鐘，在三十分鐘內，光線會變得越來越明亮。

　　某些調整與校準會在做夢時發生，而且對我們永恆的現在非常重要。當你突然驚醒過來，不管是因為外在的聲響或是自己設定的鬧鐘，都會干擾意識從較高層次移往較低物質層次的過程。相反的，放慢甦醒的過程，對你會有極大的幫助：身體有足夠的時間從夢境緩慢地回歸到意識之中，把最進化的本質帶回你的身體。這是讓更高次元的能量達到最大化的機會。

　　睡眠與休息時間是你遠離身體的一段期間，你有可能帶回一個更好的身體版本。要幫你做到這一點，我建議你可以使用「三重梵音冥想」（Triple Mantra meditation，參見書末的「相關資源」）這個工具。現代科技確實可以做到「返老還童」的奇蹟，例如美國「祕密太空計畫」（Secret Space Program）的內部人員科瑞‧古德（Corey Goode），曾在蓋亞電視網的《宇宙揭密》（*Cosmic Disclosure*）節目中透露一系列人類無從得知的驚人科技，其中就有可以讓人返老還童的機器。但正如一位軍方人士告訴我的：如果你（莫琳）知道了，那就意味著軍方已經擁有這項科技二十五年到五十年之久了。這類資訊一向只有極少數人知道，但這不是重點，因為你可以繞過他們的封鎖，運用你的心智去接通任何可能適合你的「系統」，甚至不需要知道它們是否存在或是如何存在。

　　同理，可用於修復、製造及複製等用途的先進技術也確實存在，對人類來說，這可能包括治癒疾病的技術。你同樣可以在腦海中想像：有這樣一個機器可以治好你身上的所有病痛，可以帶你飛進未來一個能夠進行治療的場所，比如太空船或是夢境中某個隱密的治療中心。你可以在更高次元中使用這項科技，讓它在能量體中留下深刻的印記，然後在肉身上顯現實質的效果。持續記錄你的情況以及你所觀察到的變化，有助於你了解自己的進步。不要氣餒，只要保持熱愛，你們終將成為箇中高手，並從中獲得許多樂趣。如果你不是這樣，或許你有必要弄清楚怎麼回事。

改變對「可能」的認知

　　這本書的任務，是喚醒第五次元的你！我們全都收到了這樣的召喚，要我們覺知到什麼是可能的、什麼是我們真正要傳承的，以及如何提出要求並擁有它。這本書將會帶領你逐步完成這個過程，並幫助你理解及規畫所有的一切努力。

　　這本書會試著改變你對「什麼是可能的」的認知。因此，我將會一再地用這句話來幫你指出，你可能會一直停留在歷史經驗所形成的信仰體系或行為中，而不是可能性。請注意，我說的不是老舊或過時的信仰體系。一旦你進入了第五次元，信

仰體系就沒有任何偏好或貶損了，因為在第五次元，不存在任何對立。一旦你改變了對於「什麼是可能的」的看法，你就永遠地改變了你自己的軌跡，同時也改變了人類的軌跡。

哪些狀況會阻礙你進入第五次元

所有的追尋者都必須了解，哪些狀況會對你進入第五次元造成阻礙。

阻礙你進入第五次元的嚴重狀況之一，就是睡眠不足。事實上，你所需要的睡眠可能遠比你認為的要多。更長的睡眠時間能讓你更深入第五次元，與高我更緊密連結，這是因為在這些更深沉的睡眠中，你能夠跟振動頻率更高的那個自己重新校準，讓你在醒過來時，還能繼續維持在第五次元的狀態。

能量阻塞與干擾因素

許多外部干擾因素會影響你待在第五次元的能力，包括化學凝結尾（chemtrails，由噴射機排放的化學物質所形成，會對地球生命造成有害的影響）[*]，以及直接或間接的振動影響。

---

[*] 有關化學凝結尾的文章很多，欲知更多資訊，可參考下列的部落格文章：http://flowero flifeblog.com/2015/10/ascended-masters-through-maureen-st-germain

直接影響包括行動電話、無線網路及其他各式各樣的電子設備；間接影響則包括從不同地點發送傳播的節目、經過改造的食物等等。一旦你啟動了與高我的連結之後，就會注意並體驗到這些能量與頻率，讓你開始去練習自己的洞察能力。

我曾經感覺過一股來自無線路由器（網路分享器）的能量跟著我上床，還鑽進我的耳朵裡，就像耳道被塞進了一根熱絲探針一樣。我立刻從床上跳起來，切斷家裡的無線路由器。在這次經驗之後，我甚至幫路由器加裝了一個定時器。大量的路由器能量，感覺起來如何呢？很多人都會把手機放在耳朵旁邊，這樣做真的會傷害你的內耳，而路由器的能量跟手機的能量完全一樣。所以，為什麼要開著無線路由器睡覺呢？關燈時，順便把路由器一起關掉吧。

別回顧過去

你可能會發現自己正在想著過去的某個情境，並試圖釐清這是第五次元或第三次元的經驗。要知道，儘管你的求知欲值得稱讚，但結果卻適得其反。這是為什麼？因為你想了解過去以便評判的這種渴望，反而會讓你困在第三次元之中。

檢視你的目的。你在評判自己嗎？雖然自我反省是精進的必要過程，但試圖去判定某個行為是第五次元或第三次元，使用的是你的頭腦，而不是你的心。為了評判而嚴格去確定某件

事，這是跟小我有關的第三次元行為。幫自己一個忙，把注意力放在當下；當你這麼做時，第五次元就會自行運作。

要知道，小我是你的朋友，它做得很好，但並不總是對的。你的小我照看著你，希望你安全又快樂，它是怎麼做到這一點的呢？答案是，它會拿過去發生的事來評估眼前可能的選擇。把時間花在整理及歸類什麼是好的、什麼是壞的，對第三次元的你可能相當有用，因為這個次元是建立在對與錯、好與壞的二元性上。但是，現在我們已經相當頻繁地往第五次元移動，再沿用那套奠基於過去經驗的舊分類系統，會讓你無法活在當下，並把你困在以二元對立為主的三次元現實之中。你要活在當下，讓第五次元的行為與能量重新校準你。

汰換老舊信仰的必要性

如果你不能掌握自己的未來，別人會幫你代勞。正如許多出現於地球史前、為了啟發人類而來的存在，這些自認為更優秀的存在就曾經左右過我們的未來。在葛瑞姆‧漢卡克（Graham Hancock）的《糾纏》（*Entangled*）與提摩西‧韋利（Timothy Wyllie）的《叛逆天使的自白》（*Confessions of a Rebel Angel*）這兩本跟超自然有關的書中，可以找到兩個這樣的版本。其中描述暴力的篇幅超出了我所能承受的程度（我通常會跳過這些內容），但它們從不同的視角讓我們看到人類的史前

歷史，並邀請我們帶著更多的悲憫心去仔細思考這段歷史。

從非常久以前到現在，人類已經走了一段漫漫長路；儘管如此，還是有一些這類的存在徘徊不去，仍然伺機透過恐懼與操縱來控制你。然而，倘若你現在能夠斷然地決定自己就是光的存在，堅決挺身去對抗，就再也沒有什麼會讓你退縮了。

現在就是我們充分發揮潛能的時候了。有鑑於這類書籍所描繪的過去，我們可以開始看出，人類的潛能無限大！這也跟某種程度的自我發現有關，那就是完整的第五次元所要表達的「覺醒」。有人問佛陀：「你是神嗎？」佛陀滿懷慈悲地回答：「不，我只是個覺者。」在第五次元覺醒過來的你，是神嗎？不是的，我們會說：「你只是覺醒了。」

我提到這些發現是有其目的的，那就是幫助你理解以下的真相：你的所知是不夠的。同時，也是為了讓你能對不同的新信念抱持期待，用它來取代你曾經奉行不輟、視之如珍如寶的信仰體系。然而，除非你意識到目前的信念是建立在第三次元的現實面上，幾乎沒有任何來自第五次元的參考點，否則以上的影響就不可能發生。簡單來說，這種情形就像學習外語，你先學會了一些單字，然後就以為自己會說了，直到你意識到必須放棄原本的造句方式，才有辦法真正學好外語。接著，你的詞彙量增加，同時發現這種外語與你的母語之間有幾個相似之處，雖然可能不多。來到第五次元，你甚至會發現某些方式是

無法以第三次元的思維模式去理解的。

在你周遭的每一個地方，總有一些人不能或不願去挑戰那些阻礙及局限人類進步的封建體制。這一類的體制都由祕密政府組成，他們的盤算就是讓人們覺得自己別無選擇，只能維持第三次元生活的現狀。然後，人們就真的確信自己別無選擇，可悲的是，其實他們只是消息不靈通。當你選擇了這本書並運用其中的知識後，就可以改變一切。凡是認為自己有可能改變現實，並從源頭賦予自己權力的人（願意的話，甚至還可以被授以騎士榮譽），都可以透過資源來做出改變。想想看，還有什麼尚未被發掘出來的可能性，正等待著你去發現。

提升你的覺醒體驗

在第五次元，你將學會如何去覺察，而不是去評斷，而且也不再需要將資訊區分為好或壞，也不用再去比較。

看見萬物之美

美好的事物俯拾皆是，一雙發現美的眼睛是升至第五次元的第一步。一開始，先從你周遭去尋找，去大自然中尋找。等到你發現自己隨處都可看見事物之美時，前所未有的快樂必會帶給你驚喜。

感恩與處於當下

對每件事都懷有深切的感恩，可以幫助你保持在第五次元狀態之中。允許自己完完全全地處於當下，也將幫你達到更高的層次。不過，在當下觀察自己的快樂及感激時，有些應該注意的事項我還是必須提醒你。

就在幾年前，我受邀主持了一個「高階」課程，課程結束後的隔天，主辦人和我一起在前陽台共進早餐，一邊談論這次的美好經驗。當時我們可以聽見鳥兒甜美又響亮的鳴唱，主辦人甚至說，她不記得這裡有過這麼多的鳥一起鳴唱。接下來，我們把話題轉向了世俗事務，也就是這場研討會中比較不完美的部分；突然間，就像有人切換了某個開關一樣，我們注意到那群鳥全都不出聲了，牠們停止了歡聲高唱。於是，我們恍然大悟，一開始我們是待在第五次元的高頻振動中，周遭的鳥兒跟我們的能量和諧共振，所以牠們才會齊聲歡唱；但是，一旦我們把心念降低到去關注這次研討會及自己的「抱怨」時，牠們的鳴唱就停止了。這是多麼發人深省的當頭棒喝啊！

建立與高我的連結

如果感覺到自己不在第五次元，可以尋求幫助，請求你的

高我帶來能夠幫你提高振動頻率的人或情境。以下的練習，可以幫助你把信任轉變為知曉。不要欺騙自己，認為你已經跟高我建立了健康的連結；相反的，你應該接受六週的挑戰，只有這樣，你才能用高我來檢視你正在學習及知道的一切。請為你自己做這個練習，並經常操作以盡快熟練，好將你跟高我的連結帶往下一個層次。如此一來，你將會明白，一直以來你想要知道及需要知道的是什麼。以下是一個簡易版本，更詳盡的說明可以參考我的另一本作品《超越生命之花》（*Beyond the Flower of Life*）。

※ 【練習】與高我建立連結

在這項練習中，你會在一段固定的期間內（最理想的時間是至少六週）堅守下列七項協議，向你的高我提出問題。在靜心冥想（heart centered meditation）一開始，先詢問高我什麼樣的徵兆或信號代表「是」、「不是」及「不確定」。

1. 訂好你要準備的練習時間，這段期間至少需要四十五天，當然也可以更長。先決定好這個練習會在哪一天結束，如果你開始練習的第一天是六月一日，那麼七月十五日就是練習結束的日子。
2. 只能詢問是或不是的問題，不要詢問其他開放式問題。

3. 詢問無關緊要或瑣碎的小問題，也就是你不在乎答案是什麼的那
   些問題。比方說，「我應該走這條路去上班嗎？」或「我應該穿
   這件紅色襯衫嗎？」假如你問的是應該穿什麼衣服，就要不斷提
   出新問題，直到你獲得一個「是」的回答。一天中，通常可以提
   問三十到五十次不重要的問題。

4. 得到答案後，一定要按照答案去行事，絕無例外。這可以讓你在
   這段練習期間，保持思緒清明。過了這段練習期間之後，如果你
   決定不再繼續遵循高我給你的答案，沒有關係，但你可能會後悔。

5. 不要問重要的問題。如果有個重要的問題你無法推遲到四十五天
   的練習結束後再提問，那就破例一次吧，但下不為例。

6. 不要問任何預測性的問題，比如「紅綠燈會在我抵達前變換燈號
   嗎？」或「電話會在接下來幾分鐘響起嗎？」這類問題會給小我
   機會去追蹤你的進展，而如果你在追蹤自己的進展，就代表你在
   乎得到的答案（參見第三點協議）。

7. 在這段練習期間，不要使用任何形式的占卜，包括肌動學、肌肉
   測試、手指測試、紙牌或靈擺等。占卜的確有它們的一席之地，
   也可以很有用處，但不能用在這段練習期間。如果你是治療師並
   使用這些方法來幫助你的病人，那就限制只能在特定時候使用。
   對你來說，你在這段練習期間只能去詢問你的高我。

　　很多時候，人們會認為自己的確接收到來自高我的有效訊

息，但問題在於，他們並不相信。你與高我的第一次交流，可能會經由你的身體來確認：幾乎每個人都會有的一種反應，就是起雞皮疙瘩。我有個學生是每當她的高我出現時，舌頭上就會出現一股強烈的金屬味，有人則可能是鹹味。不管是哪種反應，都是高我在透過身體告訴你，你正在與你的神聖版本——你的高我——產生共鳴。

所有請求都會被滿足。如果你堅持要求高我跟你溝通，並且明確地說你只需要你的高我，那麼你的高我遲早會回應你的召喚。要有耐心，有時高我發出的信號非常微妙，難以捉摸。理所當然的，你希望它能大聲點，但是在會跑之前總是要先學會爬。因此，如果你覺得高我的信號過於微弱，請溫柔地對待自己，它一定會越來越強烈，而你的「感應」能力也是如此。此外，你也可以認可並感謝那股模模糊糊的感受，同時請求它變得更強烈些。

最終，你的高我將會透過所有方式與你交流，包括聲音（比如你腦海中的某個聲音）、味覺、嗅覺、觸覺（你可能會聞到或察覺到在身體中移動的微妙能量），或是感覺（可能會感覺到輕微的噁心或頭暈）。

在六週練習之後，你的小我會想跟高我做「好朋友」，因為小我知道也理解，高我會保護你的安全。你的高我不是一個更好的你，而是可以提供你最好、最重要選擇的巨大資源。你

不需要一直都追隨著高我的意見，但是一旦跟高我建立連結之後，你就會一直選擇聽從它的意見。為什麼？因為當你第一次悖離高我的智慧時，事後一定會後悔。只要一次，就足以讓你記取教訓。做了決定之後，就全是小我的事了。你的小我會以你的安全為重，並希望你能得到想要的。

　　學會跟高我建立健康的連結，也就是當你詢問高我某個問題時，你不一定要相信它的回答，你只需要知道，你的高我只能在當下提供你最精確的訊息。據我所知，沒有其他方法可以提供你百分之百準確的訊息，而高我提供的一定是你所需要的，所以你才會知道——這些訊息不是要你無條件去相信，而是你有必要知道。總之，這跟信念無關，只與連結有關。

活化你的意圖，激發你的潛能

　　如果發現自己被擠出第五次元，只要記住一點：你屬於第五次元！你可以嘗試利用下列方法或工具來主張你對第五次元的權利：聲稱「你無權管我」或是「你嚇不了我」。當你感到不堪負荷或無力反抗時，你會驚訝這些簡單的陳述（即便只是在一個沒人的房間裡說出來），可以產生多麼巨大的改變。泡泡瀉鹽浴，對釋放無用的振動也很有幫助。另一項工具是一種被稱為「次石墨」（shungite）的神奇石頭，泡澡時可以把一

塊這種效力強大的石頭放進浴缸中，幫你釋放出沉重或黑暗的能量。

　　你也可以在床鋪周圍擺放一個充滿能量的法拉第籠（Faraday cage）。法拉第籠可以完全阻擋電場，通常是由金屬等導電材料做成。在以下的練習期間，你可以為自己設置一個類似法拉第籠、充滿能量的保護場域，幫助你晚上安穩入睡，並且以高我的能量給自己好好充電。

※ 【練習】設置一個法拉第籠保護圈

1. 把雙手放在心臟位置，然後往外移動雙手逐漸遠離這個部位，就像正在從心臟拉出一條線（或管道）。
2. 現在，讓你的雙手完全往外伸展開來，想像自己正在床鋪周圍架設一個「法拉第籠」。然後讓它一直留在原處，直到你第二天早上醒來。
3. 每天晚上都要這麼做。假以時日，在某種程度上它就會變成一個永久性的保護圈。

　　你也可以透過觀察你的覺知並設定好意圖，來找出適合自己的方法。當你逐漸進入夢鄉時，腦海中要有一個明確的意圖，例如：

　　親愛的上帝、天使及指導靈，為了讓我更清楚自己的使命、目的及任務，請求祢們讓我帶著意識去我所能到達的最進化之處，讓我能理解自己所需要去知道的、學會的以及要成為的，從而發揮最大的潛能，幫助我盡可能地提升自己。感謝祢們，阿門。

助人三要件：喜悅、耐心及誠實

　　選擇做一個樂於助人、充滿喜樂的人，並把這個選擇當成堅持到底的目標及興趣。記住你的所思、所見及所想，並把它們寫下來，要求你的所有指引者告訴你，它們可能意味著什麼。

· ·

把那些吸引你的想法、行動及點子，

當成你堅持不懈的目標。

· ·

　　盡你所能地對自己誠實，承諾永遠都說實話，然後請求你的天使及指導靈 * 在你自欺欺人時提醒你注意！當你（或你的天使）「逮到」你騙自己時，你會發現你也在嘲笑自己。你將會習慣活出真實的自己，即便那樣的自己不完美。為人所熟知

的十二步驟戒護計畫（twelve-step recovery program）**，誠實是自我精進的成功關鍵。這些由想要回歸正常生活的人所組成的團體，誠實永遠都是第一條守則。想要持續保持這種開放、坦誠的心態，需要你與親近的家人朋友們一起練習。

　　隱匿或其他形式的保留與隱瞞，都將在第五次元消失無蹤。然而，善待他人十分重要。被問到問題時，可以簡單回答，但一定要誠實。你只能改變自己。當你遇到一個對你的奇特經驗感興趣的人時，不要在對方第一次提出要求時就跟他分享，而是在被問到第二次時才告訴他。原因如下：當對方第一次請求你分享訊息或理解時，他們的心智是開放的，於是注意到你的與眾不同而對你感到好奇。但是，別在對方只敞開心智的情況下就急於分享你的新經驗，因為這很可能會把他們嚇跑，也糟蹋了這個機會。總有一天，你會把真實的自我展現在眾人面前，而他們都會理解你。透過這種方式，你可以逐漸去除自己不真實的表層。

　　當對方第二次問你同樣的問題時，意味著他們連心也打開了，並準備好對你所提供的訊息做出反應，真正能夠接受並發

---

*　你的天使來自天國而非地球，旨在將上帝的愛帶給人類並創造奇蹟，使人類可以感受到上帝的愛。你的指導靈是看不見的幫手，與地球有特定的連結，祂們通常曾經在地球上生活，並有某個專精的本領。當你追求智慧、平衡以及開闊的心胸時，這些指引者會在你的冥想與夢境中指導你、支持你，幫助你進步。

**　編按：十二步驟是戒酒無名會最先使用的康復計畫。

現這些訊息的價值。記得在對方第一次提出問題時，要給出一個沒有威脅性的簡單答案，例如：「我在週末時參加了一個很棒的研討會，是關於個人成長的。我們先點餐吧。」給出你的簡短答覆之後，馬上轉移話題。這個做法看似矛盾，但是別忘了，在第五次元，你完全不需要去鼓吹任何事。唯有在對方回過頭來尋求你的建議或訊息時，這個時候才是你坦誠表達新獲取的智慧、不用隱藏真正自己的最好時機。

透過你在詞彙中有選擇地增加描述性而非兩極性的用語，同時有意識地排除會產生分歧與對立的字眼，你會看出改變你思考、行為及溝通的方式。

接下來，對你的競爭對手展現若干的善意與慈悲心，或許他明天就成了你的合作夥伴呢。不要堅持你的方法才是對的或是唯一的方法，因為它當然不是。天底下沒有所謂「對」的方法，在第五次元中更沒有對錯之分！有的只是符合你當下的心意而已。

當你認可以上的說法，也就是你的方式只是眾多可能性之一，才能從內在去感受它，並從容且自在地表達出來。你可以使用「考慮一下這個可能性……」來當開場白，對任何新想法做出回應。你還可以把這一句話加入你的交流模式中，這是你的新改變之一。

・・・

這個新遊戲不是競爭，而是一場舞蹈。

你可以獨舞，但跟一兩個夥伴共舞會更有趣，也更合適！

・・・

做好這些事，投資你的未來

　　想想看，你是如何度過自己的非休閒時間，以及如何運用你工作與努力（不論有償或無償）的成果，並決定從這一刻開始，你要一直做得比預期的更多。你的回報將隨之而來，這就是你投資未來的方式。當你鍛鍊意志力及決心時，你的方向也會開始改變，甚至整個宇宙都會同聲共氣地支持你。

　　下定決心去改變你對可能性的看法，學習以不同方式思考。你是怎麼做到的？想像你去工作時，戴上了一頂「工作帽」；下班回家跟另一半或孩子們在一起時，你戴上了另一頂「媽咪帽」或「伴侶帽」。一開始，你要允許自己在不同情況下以不同方式思考；到最後，這樣的做法會「允許」新的思維方式浮現出來，因為你再也不會被「習慣的處理方式」卡住。學會向自己與他人承認錯誤，儘管這似乎很難做到，但最好訓練自己及你的朋友養成好習慣，發現自己犯錯時，能有勇氣說出實話。如此一來，下一次你才不會重蹈覆轍。

學著完善你的目標。當你認為自己做得不錯時，就是你可以改進的時候。這與放馬後炮或事後諸葛不一樣，也不是要求你時刻都要跟永無止境的標準奮戰。

為你周圍的人祈禱

包括我在內的許多作家，都寫過關於相信自己的文章。現在，是時候相信你自己以及你周圍的人，去營造出一種讓人愉悅的氛圍。還要隨時記住，為你自己及競爭對手祈禱，祈禱你們雙方的智慧都能增長，有更好的解決方案以及更圓融的處理方式。有趣（fun）與彈性（flexibility）是第五次元 f 開頭的單字（絕對不是髒話），想像一下你的競爭對手是你的盟友，只是現在的你還沒有想清楚怎麼做而已。

別期望事情會變得更簡單，相反的，你應該請求的是讓每個人的情況都能變得更好。舞伴不僅要互相倚賴，還要靠彼此的支持才能達成比個人更偉大的成就。對待伴侶要像對待舞伴一樣，你要知道，發生在對方身上的壞事也會影響到你，同理，對方的好運也會讓你受益。試想，如果每個人都能像為自己祈禱一樣去為他人祈禱，我們的世界將會變得多美好。

如果你的伴侶、親戚、朋友或同事，待人刻薄又不懂得為他人著想，那就把他們當成你最喜歡的人來對待。想像一下，如果你的好朋友發了一則「一切都會變好的……」的簡訊給

你，你會認為他是在鼓勵你或嘲弄你？接著不到幾分鐘，你又收到了一位陌生人的類似評語，而你卻可能誤解對方是在妒忌你或羞辱你。為何不能將這兩者一視同仁呢？為何不能以笑聲來化解誤會呢？然而，你可以自由選擇要以什麼樣的心態去接收任何訊息。我們來到這裡是為了鍛鍊我們身為共同創造者的能力，而如今，正是你創造奇蹟的時候了。

同事曾經跟我分享了一個故事，告訴我他是如何以極低的折扣將那輛高檔跑車賣給了他的兒子，而他讓出的那個折扣原本是他預期賣車的獲利。他懊惱地解釋，他的兒子如何說服他放棄一半的獲利，讓他賣掉了那輛車子。我睜著發亮的眼睛微笑地看著他，告訴他說：「想想看，如果你兒子跟陌生人談定了同樣的一筆交易，你會為他感到多驕傲。」他看上去一臉困惑，接著是震驚，然後大笑出聲。沒錯，這個方法適用於我們所有人。

但是，這不包括有人違反了他跟你的協議時。當對方沒能履行他的職責時，你也沒有義務去履行你那一部分。就以往的規範來看，凡是違反合約就等於合約無效，不過現代許多協議都會加上一項條款：「合約部分無效時，不代表該合約的其他部分無效。」之所以加上這項條款，是為了保護提供服務的一方，並減少對其不利的條件。儘管我不建議你違反合法簽署的合約，但確實有很多「默認合約」（"implied" contract）沒有

被履行，在此情況下，你當然可以也應該要行使你的權利，亦即拒絕履行你的職責；或者最起碼，你應該審視及認可自己的感受，這不是因為你希望自己看起來像個好人（基於小我的私心），而是因為這麼做符合你當下的心意。

　　以下這個真實故事，講的是一位來自波士頓、個頭嬌小的老太太，她在前往機場的交通要道上，不斷請求一路飆車的計程車司機開慢一點。等到他們抵達機場，因為這趟瘋狂車程而飽受折磨的老太太，在付了車資後，氣得甩上車門揚長而去。司機追在她身後叫喊：「喂，女士，我的小費呢？」她氣沖沖地走回來，朝他的鼻子揮了一拳，生氣地說道：「這就是你的小費！」這是我朋友七十九歲老母親的經歷，在她告訴我這個故事之前，我才跟她講了另一個也是跟計程車司機有關的類似故事。後面這個故事的司機多收了我的車資，引發了我的好奇心。我在冥想中自問，為什麼這兩個故事會在這時候一起出現？我得到的答案是，我同樣不該給對方小費，而我給小費的行為跟想當個好人的小我有關。你必須充分理解並尊重自己，才能在當下做出恰當的反應，也才能不讓小我支配你的行為。

煞車已經鬆脫，改變正在發生

　　注意小鳥是如何停落在樹枝上的──牠們全心全意地付出信任。牠們相信這根樹枝雖然在牠們降落時會晃動，但很快就

能穩穩地支撐住牠們。你也能做到。如果你的「停落」不如你所預期，還搖晃不定呢？這意味著你會跌倒嗎？不會的！即使是體操選手，落地時也會迫使自己去做好體重與向前移動力道的平衡，強大的你也可以如法炮製，明白你落地時的晃動是正常的，而這是非常有幫助的一種能力。現在，改變是你的「新任務」，你正在將自己的經驗以及對人性的理解加入你的境遇之中。一切都在變化；煞車已經鬆脫，但這並不意味著你可以立刻做好所有的事。你得學習、練習、挑戰極限，並繼續走得更遠更快。現在就是擴展的時候了，而擴展的範圍遠比你想像的更為廣袤無垠。

優雅地度過第三次元變動

始終都有一股極強大的能量，不斷強烈地要求人類改變。奇怪的是，這股能量原本只是溫和地影響著你，但如果你邀請它幫你，它會帶來巨大的改變及影響。第三次元的體系正在不斷變動，而你正是其中的一部分，可能位於它的曲線之前、中間或是之後。當然，位於浪潮之前會更有趣，因為那裡會有一股輕鬆的推力，尤其在你知道這道浪潮就要到來之時。你是否曾經站在海邊，背對著一波即將到來的浪潮？也許你只有過那麼一次經驗，因為被一道看不見的浪潮擊倒並不好玩。然而，

就像騎著浪潮的衝浪者，你也可以選擇讓這道浪潮把你推往岸邊。有許多新工具可供你選擇，後面章節提到的「第五次元梅爾卡巴」（5D MerKaBa），就是其中一項工具。

　　這股能量正在你周遭傳播，它會幫助你輕鬆地將更高層次的振動固定在你的身體之中。你可以請求這股能量幫助你，讓你這一天盡可能輕鬆地接收並結合這種最進化的振動。你每天都可以這麼做：

　　　　親愛的上帝，願我以今天為我提供的能量，溫和、優雅地轉換與改變。

第 2 章

從線性思考到
多元訊息的處理能力

改變你對於「什麼是可能的」的看法，就從這裡開始！

喬納‧雷勒（Jonah Lehrer）的暢銷書《大腦決策手冊》（*How We Decide*）告訴我們，自古希臘時代以來，關於我們如何思考與抉擇的這個主題，就是建立在「人類是理性的」這個基本觀念上；接著，他說明這不是大腦運作的方式，並進一步揭示人類並不僅僅是理性的動物。雷勒主張，我們的情緒在決策過程中也扮演了重要的角色。他的關注點是：「儘管許多自助書籍都說要相信直覺，但直覺並非靈丹妙藥……針對這個問題，簡單的真相就是，要做出好決策需要同時用上心智的這兩面。」[1]

換句話說，我們必須找出一種可以平衡情緒及邏輯的理想方法。科學與新心靈分享了這個重要的主題，而走進第五次元，正是結合了心智與情緒處理訊息的方式，也結合了邏輯、線性思考以及因環境而起的情緒反應。你必須學習如何運用情

緒與心智，來幫助自己進化為第五次元的人類。

截然不同的思考方式

第三次元與第五次元的區別，就在於兩者的運作方式不同。覺察到線性思考、多重線性思考（multilinear thinking）及動態思考（dynamic thinking）之間的差異，會引導你走上自我覺知的道路，從而在意識上出現可察覺的轉變。我將從線性與非線性之間的差異開始說明，然後再探討多重線性思考與動態思考，幫助你開始理解你對第五次元的所有預期。

簡單來說，線性思考的精髓就是因果關係。現在許多人接受的教導，還是建立在因果關係的基礎上，而基於邏輯的理性思考則被視為文明思想唯一有效的表達方式。儘管一九○○年代初期，量子力學的創始人馬克斯·普朗克（Max Planck）就已開始了他對量子物理學中自我覺知的研究，但大家對上述信念始終深信不疑。還記得我說過會在關鍵時刻提出那句特別的短語嗎？現在這句話又出現了：正是時候去改變你對於「什麼是可能的」的認知了。

線性思考往往是兩極化的。對情境、人或經驗進行歸類與區分，就是一種線性思考。線性思考可以用「距離＝速度 ×時間」的公式來解釋，當我們開車上高速公路，想知道從一地

到另一地要花上多久時間時，就會不假思索地使用這道公式。
方程式的一邊與另一邊之間，存在著一種正比例的關係。如果
你把速度加倍，到達目的地所需要的時間就會減半。線性思考
如果繪製成圖表，結果都會呈一直線；而邏輯，正是建立在線
性思考上。

　　觀察線性系統的另一個方法，是檢視時間。科學家與神祕
主義者一致同意，時間是無法測量的。時間中唯一真正存在的
元素，就是當下，也就是永恆的現在。我們假裝過去是存在
的，因為我們有記憶、書及文字紀錄；但事實上，除非我們重
新經歷過去，否則過去並不存在，只是一段記憶而已。有時
候，我們會把過去記錄下來，例如錄音或錄影檔案、日記或日
誌，或是歷史書籍。過去與可能的未來都被記錄在阿卡西紀錄
（Akashic Records）中，這就是為什麼你可以改變過去，也可
以改變未來。

什麼是阿卡西紀錄？

　　阿卡西紀錄是宇宙萬物的能量場，是在萬物被創造出來
之後才有的資料庫，凡是可能被關注的意識活動都會被記錄
下來。它是一個存在於第十一次元的能量場，儘管記錄了人
類之間的互動，卻不受人類互動的影響。在振動上，它與第

三、第四及第五次元都不一樣，但會為了記錄及讀取資訊而調整振動頻率，以便建立聯繫。如此一來，你所尋求的智慧振動即可與紀錄的振動相符。這種極其特殊的靈性安排，讓人們可以改變其振動，就像水底下的隧道一樣，讓你得以穿越廣袤無垠的空間，而不用實際進入其周遭的任何區域。

當你「讀取」紀錄時，通常不是真正進入能量場，而是與所謂的指引者交流，而他們是主動請纓前往要探索的記錄區域。你們之間則是透過協調的振動來完成交流的。有些阿卡西紀錄的指引者會輪流提供服務，而另一些則是阿卡西的永久成員。我們可以把指引者視為巨大、無性別的能量存在，在他們的意識中如實保存著訊息。對於這些存在，我們可以給出的最貼切描述是，他們就像某種穿越時空的旅人，比如《沙丘魔堡》（Dune）電影及原著中，經由太空門戶傳送人們的特殊存在。

許多人認為時間是第四次元，雖然這也是一種可能性，但與我所知道的不同。由於時間受到這樣的誤解，我特別寫了整整一章的內容來說明（參見第七章）。

線性時間與多重線性時間的比較

迄今為止，我們一直被「設定」成只能看見現實的一個版

本；而現代物理學告訴我們，現實有多種版本。我們所做的每個決定都存在著許多可能性，但因為我們的大腦已經被鎖定只能記錄一種經歷（即使我們可以看到多種版本）的運作模式，所以往往不會去考慮其他可能性。你可以選擇許多道路，只是你並未留意。許多物理學家假設有多種版本的現實存在，並相信這一點可以用來解釋量子力學；有些物理學家甚至認為多個現實世界並存，就像同一棵樹上的許多根樹枝，一起存在卻從來不交會＊。我的指引者們告訴我，每一個值得你體驗的實相，都會展現出來；現在，你可以不帶評判地去注意及觀察。這是遊戲規則的一個重大改變。

　　從線性角度來看，你可以在時間中回顧過去，從你的現在沿著一條直線回溯至過去的某個時刻。比如說，現在的你剛自護理專校畢業；在此之前，你讀了大學；又往前回溯，你高中畢業了；時間又往回推，你小學畢業了，以此類推。這就是一個線性的過程，你沿著一條直線在時間中回溯這一系列的事件。你正在用線性思考來回溯你過去所做的所有個人選擇。

　　扭轉這個觀點，並從過去的探測點來檢視時間，你就能開

＊　這種說法可舉量子力學的著名例子「薛丁格的貓」（Schrödinger's cat）來說明。以多重世界（many-worlds）的觀點來詮釋，每個事件都是一個分支點；貓同時處於「活著」與「死了」的狀態，但「活」貓與「死」貓分別位於不同的宇宙分支中，兩者同樣真實，但彼此沒有互動，也不會產生交互的影響。

始理解多重線性是什麼。上初中的你展望未來時，可能考慮過幾所高中；高中畢業後，你可能申請過好幾間大學或進修班。最後，大學畢業的你，可能考慮過好幾家研究所。當你回顧所有這些選擇時，就會發現每個關鍵時刻你都有好幾個不同的選項。不過，多重選擇並不是無限的，而是提供你多種可以考量的選項。

從「現在」這個位置來看，未來並不存在，但可以被視為我們可以或可能經歷的許多可能性之一。在時空連續體（time-space continuum）中，展望多種可能性的過程都具有多重線性的特質。每一個可能性將會如何被體驗，都要看你賦予它的價值與份量。在第七章中，我們會對此再進一步說明。

非線性的動態系統

會隨時間變化的動態系統（dynamic system）看起來像是線性的，卻會隨機跳出它們的可預測性。一個小雪球在某個時間點從山坡上滾下來，等累積到足夠的雪量後就會導致雪崩。一旦到達臨界質量，雪球大到足以帶動山上的積雪往下墜時，雪崩就會發生。差異可能會無預期地隨機出現，科學把這種情況稱為「混沌」（chaos）。

或許你還記得孩提時玩過的一種遊戲 ——「挑筷子」（pick up sticks）。一束大小相同的纖細木棒被直直地立在桌

子上，就像一綑削尖的鉛筆。接著，把這綑小木棒在桌子上散落開來，然後讓孩子們輪流上前挑出小木棒。遊戲開始，第一個孩子上前挑出一根木棒，但不能移動到這堆木棒；每個孩子依序挑出一根木棒，小心翼翼地不去動到整堆木棒。遊戲持續進行，直到某個運氣不佳的孩子挑出一根木棒後，整堆木棒突然塌掉了，於是這個倒楣鬼就出局了。「挑筷子」的遊戲展現出明顯的順序與隨機性，可用以描述我們所說的非線性（或說動態系統）。

多元的人生版本選擇

　　冥想、薩滿教的做法、回溯療法或阿卡西紀錄等工具，都可以幫你接通任何時間線的任何一個時間點，不論是過去或未來。造訪阿卡西紀錄的能量場有多種方法，我就教過一種特定的方法，可用於內在工作（針對自己）或服務工作（打開他人的紀錄），任何學會這種方法的人都能派上用場。這種從多種可能性來看待某個事件的能力，將使你不再受到第三次元的束縛。舉例來說，某些短語會把你鎖在第三次元，比如：「我的鑰匙不見了，有人偷了它們。」或是「我一定是隨手放在哪裡了。」然而，如果能用另一個方式來看待同一件事，將為你打開第五次元，比如：「我的鑰匙不見了，但我不知道是怎麼回

事？」這樣的心態，會讓所有可能的選項都展現出來並為我們所知，這包括了許多不同版本的表達方式，善加利用可以開啟我們驚人的洞察力，看出現實的本質與各種選項的本質。

例如，或許你選擇離婚，但另一方面，你對自己可能錯過的一切也感到遺憾，所以你將一定比例的能量投入了你沒有選的那個選項上。那麼，如果兩個選項你都選了呢？量子物理學家目前正在努力研究這個概念，並命名為「塌縮模式」（collapse model）。因為他們假設，你在多個選項中「選出」其中一個時，其他所有的可能性都會塌縮成你所觀察的那一個可能性。然而，極有可能其他版本的你在另一個實相中挑選的是另一個選項。我曾親身經歷過同時存在的多個實相，每一實相所做的選擇都不同。你也可以做到。

想想這樣的可能性：每一個選擇實際上都是一條「走過的路」。如果你正站在選擇的岔路口上呢？或許智慧可以幫你辨識出其中一條岔路就是你的現在，而另一個「選擇」則會成為另一個版本的現實。

擺脫不斷重複的模式

理解動態所代表的意義，意味著每當重複模式一出現時，你都可以選擇去執行不同的操作。如果你總是對某個情況做出如出一轍的反應，就會被困在第三次元。訓練你自己，在做比

較時更具洞察力，然後問自己這樣一個問題：「發生了什麼？」對大多數的追尋者來說，想去理解的渴望會因為心智的線性思考方式而受到限制，因此會傾向去分離及隔絕接收到某些訊息。一旦意識到這一點，你就可以決定做些不一樣的事。分離與隔絕會把你留在第三次元，而放寬心去接受各種可能性，才能為你打開第五次元的大門。洞察力，則是你用來打開第五次元的鑰匙。

以驚人的洞察力來改變未來

　　我先生是物理學家及火災科學調查員，數年前他參與調查發生在大西洋一艘貨船上的火災。他出國好幾次，親自到那艘船的停靠地確定起火原因。這個案子調查大約一個月後，我開始看見一些關於我先生的異象：他被一條鋼梁從後方擊中，感覺像是蓄意的致命攻擊。我可以確定地點是在海外，甚至還知道發生的時間——大約四個月後。我不知道該如何處理這個訊息，面對這類的訊息我通常會跟高我核對，確定洞察力帶來的訊息是否要當真。經過確認之後，我肯定提醒某人去留意這種事是適當的。不過，這次的異象到底想暗示我什麼呢？

　　最後，我向一位非常信賴的員工（她經常代替我接收到「預先的示警」）提起了這件事。讓我們兩人瞠目結舌的是，她竟然也接收到了類似的訊息！我原本打算等過一陣子再告訴

我先生的，但如今看來似乎刻不容緩了。於是，我詢問他是否跟他的高我確認過要回到船上繼續調查火災；結果，他的回答出乎我意料，他說：「如果你告訴我有什麼不能回去的理由，比如回去會有危險，我就不回去了。」於是，我跟他說了我看見的異象，他馬上就要求我為他打開阿卡西紀錄，我當然馬上答應。接下來發生的事，讓我們兩人都震驚不已。

我原本以為我先生會提出「我真的有生命危險嗎？這個未來可以改變嗎？」之類的問題，但是一進入阿卡西紀錄之後，他的第一個問題卻是：「起火的原因是什麼？」他一直都沒跟我說過他這次的調查，因此我對這場火災一無所知。阿卡西紀錄的保管者透過我，提供了清楚而明快的答案：「有兩場人為縱火，目的是為了掩蓋兩起謀殺案。」我沒想到會是這樣的答案，因此停了下來，從阿卡西紀錄的能量場中撤離出來，然後跟我先生說：「這太奇怪了，不是沒有人在火災中喪生嗎？」沒想到，我先生嚴肅說道：「事實上，有三個人死於火災。」等我再度進入阿卡西能量場，保管者接著解釋說：其中一場火災是個「煙幕彈」，目的是要製造大量濃煙來造成混亂；另一場火災則是故意造成破壞，並趁機將其中一具屍體從船上丟到大海裡。這個令人毛骨悚然的故事還不僅如此，它還涉及了類似犯罪集團與謀殺等的非法勾當。

數週後，我們又在阿卡西紀錄中問出更多關於這個事件的

訊息，並被告知，我們可以淨化那個凶手（他身上有個無形的黑暗存在，讓他如此嫻熟於暗殺），而這個舉動將會大幅度地改變現實，因為正是那個黑暗的存在讓凶手下手如此精準。後來我們真的竭盡全力做了淨化工作，並透過我們的淨化團隊得知淨化後產生了連鎖反應*，讓這個刺殺者再也沒有能力去完成他的「任務」。

當我跟我的高我確認過安全無虞後，我先生就回到那艘船上繼續調查了。但是在關鍵期限到來的一個月前，我先生仍然沒有找到任何可以證明起火原因的科學證據，於是他向負責該案的律師說他的妻子是個靈媒，並將我告訴他的內情說了出來。我從來沒有把阿卡西紀錄當成通靈工具，也反對他人使用「通靈」這樣的字眼；但不可否認的，對一般大眾來說，通靈或超自然是他們更容易理解的說法。雇用我先生的那家公司，原本被指控使用有缺陷的化學容器而引發火災，所以他們要尋求科學證據來證明這個指控是否屬實。

對於我先生把那個訊息告訴律師，我不是很贊同。我的第一任丈夫多年來都把我當成怪人，所以我很驚訝我這個物理學

---

* 我們的淨化團隊可在網站 www.ClearingEnergy.org 上找到。在我的書《重織你的實相纖維》（*Reweaving the Fabric of Your Reality*）中，你會找到可以幫個人淨化的能量與存在類型，以及自我淨化的方法、如何及為何需要聘請外部人員來為你淨化。上述網站，在這方面也有詳盡的說明。

家的現任丈夫，會對雇用他的律師說出我們引用了阿卡西紀錄！他提醒我，在科學調查的世界裡，如果實在找不到具體的原因，靈媒提供的訊息往往有助於釐清案情。

此後不久，我先生就離開了這個案件的調查小組。因為調查工作幾乎都完成了，由其他的火災調查員負責最後的報告整理。我們不知道被指控的那家公司是否收到「和解、不必進一步調查」的訊息，但我始終有一種感覺：阿卡西紀錄不是暗示這項不法行為的唯一來源。

改變過去

探索前世時，改變一個對你今世造成困擾的過去決定，是可能做到的。當我們結束這個第三次元體驗的週期、進入第五次元後，多重時間軸會逐漸合併。這些時間軸彼此之間都存在著關係，但這一切都發生在幕後。有個人的時間軸，也有集體的時間軸；其中可能包括你靈魂家族的時間軸以及你所屬群體的時間軸，還有人類集體的時間軸。你所做出的所有改變，都會對你群體中的每個人造成影響。此外，當你理解了本書內容並加以運用，然後做出轉換與改變時，就可以影響未來。

當你逐漸轉變成多重次元的狀態，就可以感知到某些跡象與暗示——可能會透過夢境或冥想。你可以自己完成這項工作，但理想的情況下，你會有一位前世回溯療法的專家來協助

你，這方面的專家理解改變過去會對今生產生驚人的轉變。做過一次療程（例如改變前世或過去）後，過去一些糟糕的選擇會逐漸減輕它們的影響力，你會開始擁有真正的能力，得以轉往某些原本隱而不顯的新方向去發展。在這類治療過程中，你可以回溯到你做出某個選擇的那個關鍵時刻，然後重新做出另一個截然不同的選擇。

　　例如，有個人在前世是個槍手並死於槍戰，今世的他經常莫名其妙地挑釁鬧事，與他人發生激烈的衝突。在前世回溯療程中，他可能會重新決定在母親去世後跟著姨媽生活，而不是跟著父親在酒館裡鬼混，最後變成槍手，並在十六歲那年就因為在槍戰中輸給另一個槍法更好的對手而丟了性命。完成前世回溯的療程後，在與別人互動時，他再也不會像以往那樣抱著強烈的敵意，也不再衝動行事了。這種前世回溯療法，可以讓你在催眠狀態下改變你的過去。

　　隨著我們度過第三次元的週期並朝第五次元邁進時，所有人類的時間軸也逐漸合併和壓縮。重要的是去了解並接受以下的事實：你的多種不同身分（不同版本的你），可以在平行的各個時間軸中移動以療癒過去，從而改變你的現在與未來。當我們移往第五次元時，這些時間軸會塌縮，我們所需要的經驗與時間軸會變少，因此有動機去療癒並改變這幾個不同身分中比較痛苦的人生經歷。如果某個前世事件的負面影響讓你今世

深受其害，即使你不知道是什麼事，療癒領域的專家們還是可以幫助你。

　　這類經歷的一個簡單版本中，你可能講述了一個曾經遭受過的難關，而你已經好久沒有跟別人分享過這個故事了。當你在敘述這個經歷時，可能沒注意到某個改變；但是，等你那天晚上躺在床上回想這一天時，你或許會意識到，你告訴新朋友的這個故事版本，遠比你記憶中的經歷更溫和、更友好，也更有愛。這就是你自行合併時間軸的方式：你重述了某一段經歷，就在你敘述的過程中，原本的困難已經被改變了，而它所帶來的痛苦和負擔也大幅減輕了。

超越二元對立

　　我們要理解一個重點：全人類正從一個善與惡、對與錯這種兩極性的現實，移動到一個沒有二元對立的現實。這意味著什麼？我們為什麼要這麼做？先來看看幾個實際的原因。

　　第三次元最初的目的，是為了探索兩個極端之間可以有多少變化。想像一下，在兩極化之間存在著多麼驚人的多樣性。但是，這個週期已經走到盡頭，我們在第三次元的行事方式已經結束了。事情改變，規則也改變了，這已經不是我們好幾個世紀以來一直在玩的同一個遊戲了。這也意味著，我們的思考

方式（善惡之分）、做事方式（尊卑之分）以及存在方式（只為自己存在）全都不一樣了。

第三次元仍然是一個自由意志區，你還是有選擇的自由（以上帝為中心或不以上帝為中心的選擇）。在第三次元中，你可能會把這些選擇貼上好或壞的標籤；而到了第五次元，再也沒有二元對立，只有愛（你可以把它詮釋為上帝的選擇）；相反的，缺乏愛就不是上帝的選擇。在後面的章節中，我們將會討論其他次元，在這些次元中有些是二元對立，有些不是。

隨著你逐漸走向第五次元，二元對立的遊戲就結束了。在第五次元，你仍然時時都在選擇，只不過非上帝的選擇對你已經沒有吸引力了，甚至到了最後，根本沒有這種選項了。這個道理可以用下列的例子來說明：如果你有機會招待某個你所欣賞或喜歡的人，你當然很樂意。不接受這個機會的可能性趨近於零，這就相當於上帝的選擇。你怎樣招待對方、用什麼東西來招待對方，或是其他決定，仍然保留給你自己來選擇，因此你有多種不同的招待方式，但可以確定的，你的選擇不會是拒絕這個機會。你可以做出各種不同的選擇，這些選擇都能反映出愛的新能量；而在這股能量中，完全不存在業力。

對許多人來說，不再有任何的因果業力是無法想像的。一九九五年，當我第一次接觸到這個概念時，也對這個可能性感到非常驚訝。我不知道這意味著什麼，也不清楚它會怎麼發

生。第一批跟我分享這個重要訊息的人,是我值得信賴的靈性學生與好友,但是就連他們都無法完全接受這個訊息。

後來,隨著越來越多的學生學會打開阿卡西紀錄後,他們都接收到了相同的訊息:「不再有因果業力。」這意味著,人類不再受到因果法則的束縛,再也不用透過輪迴方式去承受痛苦或帶給別人痛苦。即便你願意把另一邊的臉也轉過來讓別人打,就像耶穌所說的那樣,但其他人會如何做呢?事實上,我們接收到的指導已經非常明確了,正如來自阿卡西紀錄的最新訊息要告訴我們的:「你們所有人、所有人類都是愛,你們是被愛的,也是值得愛的。人們可能會互相批評,但我們不是這樣的。我們要請求你們繼續把心打開,讓其他人也能走進他們的喜樂與平靜之所在。雖然他們可能需要更多時間才能理解這一切,但他們終究會做到。我們愛你們。一旦你們被二元對立所操縱時,會讓自己繼續待在舊遊戲中,無法脫身。你們要尋求的是理解,而不是慰藉。只有在沒有任何一個玩家時,這場遊戲才會結束;然後,只有愛會留存下來。」

我寫這本書的目的,是讓你目標明確地走向第五次元的那個自己。當你選擇不再去左右他人並放下對因果業力的需求時,你就會成為解決方案的一部分。不再有因果業力,是人類正在經歷的最重要轉變之一;這代表業力輪迴不再發生。這是一個週期的結束,也是一個時代的終結,沒有任何人會被過去

不甚重要的模式所束縛，尤其是前世的罪孽。

　　此外，上升至第五次元，上帝的行動或上帝的選擇往往會占上風。自由意志不再需要去窺探最深沉、最黑暗的陰影，那是二元對立的第三次元一貫的運作方式；至於那些不想放棄二元對立遊戲的人，當然會繼續留在第三次元。新的地球已經邁入第五次元了，她（大地之母）正在等待著人類成為一種能夠與更新、更高頻率相匹配的振動；而那些選擇進入第五次元的人，已經轉變為這樣的振動了。

> 最重要的一點是，
> 人類正從一個善與惡、對與錯這種兩極性的現實，
> 移動到一個沒有二元對立的現實。

為什麼我們會選擇一個二元對立的現實？

　　這個問題不容易回答，但答案還是有的。人類是唯一有能力同時擁有光明與黑暗的存在，一具身體同時擁有兩極化的能量，可以讓造物主更好地理解受造物的本質，而終極目的就是讓人類選擇光明，並將黑暗融入光明之中。

　　起初，透過第五次元的視角，讓我們得以大幅擴展所有可

能的經驗，對於自己的情緒更有覺知，同時也增加選擇的經驗。為了擴展經驗，你可以開始以中立的方式來觀察自己，並允許自己從等式的兩邊自由表達（好人或壞人，你可能兩者皆是）。如果在一場戰爭中，你既是作惡者，又是受害者呢？

　　例如在一次進入第五次元的冥想中，我發現那個偷了我五千塊的人竟然是另一個版本的我。那麼，他（另一個版本的我）是否會因為偷了我的錢而跟我產生因果關係呢？我不這麼認為。這種互動充滿了壓力與挑戰。我接收到的指示是，寫一封信給他，然後接受他給我的東西。當時，我只是遵循指示去做，完全不知道結果會如何，而他的回應是寄給我一張幾百美元的支票。

　　每走一步，我都會發現一小片新訊息，就像拼圖一樣。最後，在這件事上我明白了一個道理：我與他的連結是有用意的，我們就像在誠信的兩個極端擺盪：我嚴格信守承諾，而他卻隨便地在未經雙方同意下擅自更改協議。

　　我們最後的互動充滿了極大的善意，因為我被指示要與他建立連結，雖然我看不出真正用意為何。當我從指引者那裡接收到這個指示前，根本沒有考慮過要跟他重新取得聯繫。儘管如此，我還是遵循指示去做，而且彼此也從兩個極端朝中間修正：他比以前更誠信，而我的信念與作為也不再那麼僵化。我們兩個人都做到了。

為什麼這個星球還是充滿痛苦與磨難？

在自由意志區，我們被允許犯錯，也有可能犯錯。我們可以自由做出「上帝的選擇」或是「非上帝的選擇」，完全取決於自己。我們希望擴展的，是經驗的更多可能性；儘管如此，卻不包括人類之間不人道的對待。不要帶任何批判及評判，好好想想這一點。

探討這一類主題的著作很多，也討論到了相關的許多因素。我寫這本書，重點不在於探討「為什麼我們會被下放到地球？」這個大哉問，而是有一個更重要的理由，那就是：我們承受的苦難不是神聖計畫的一部分。真正去接受這個可能性，你才能開始看見以往無法或不願看到的東西。

除了基本運作法則之外，還有其他力量在推動現實中的情勢與環境，當你接受了這個可能性，就能充滿慈悲心地進入第五次元 *。

---

*　關於我所說的某些外力會導致人們的不人道行為，讀者可以看看提摩西・韋利的《叛逆天使的自白》一書。但這不是我們這裡要討論的主題，我只是提供有興趣深入探索這個主題的讀者一個閱讀資訊而已。早在我看到韋利這本書之前，在一次深入的冥想中我就很清楚地意識到，人類彼此不人道的對待方式是任何人所不樂見的，其中也包括造物主，這完全不在任何計畫之內。

阻礙你前進的存在

近二十年來我在旅行與教學時，都會使用「讓你失敗的存在」這句話，來形容阻撓人們進入第五次元的那些存在。第五次元的意識覺醒，也被稱為揚升（ascension）或神性的展現，只不過這些覺醒者還擁有一具肉身。後來，我被指示不要再用「讓你失敗的存在」這句話，因為只要擁有名字，就會賦予它們力量，即使是眾所周知的名稱也一樣。所以當你想用某個名字來稱呼人時，都要記住這一點。抗拒與躲避是情緒的兩極化表現，就像有人形容的，這兩種方式都是在「餵養鱷魚」。

最近，我又被指示使用「阻礙你前進的存在」這句話，我很想知道原因為何。當我反覆思考這些字眼的改變及其背後的可能含意時，我終於明白了一個真相：沒有人會失敗！想想有那麼多來自揚升團隊 * 以及非實體存在的能量，都在支持我們轉化成第五次元的存在，不可能有人做不到，因此才必須把「失敗」改為「阻礙前進」。

要理解這一點，可以想像一下祖父母與親戚一起幫孩子設

---

* 揚升團隊包括揚升大師及其他服務人類的宇宙存在。在神智學（Theosophy）中，揚升大師被認為是靈性的開悟者，他們在過去世也是凡人，只是經歷過一連串的靈性轉化。有時，揚升大師在身為人類時就已到了完美之境，他們的人生體驗可用來啟迪人類，成為對眾生慈悲的一個存在，這就是進入第五次元的揚升者。

立了一個大學信託基金。在孩子的成長過程中，他們一直在提醒他：「你可以用這筆錢去上大學，而在你畢業後，可以拿走剩下的錢。否則要等到你四十歲，才能動用這筆錢。」你說，孩子日後上大學的可能性有多高？即便他有選擇的自由意志，上大學的可能性還是偏高的。

　　當你仔細思考後，可能會開始看出現實是如何在你眼前發生變化的。讓我再次提醒你：你將會改變對於「什麼是可能的」的認知，因為現在事物的運作方式已經與以往截然不同了。如今的你，已經擁有了揚升帶來的所有好處。

　　偉大的神聖指導者（Great Divine Director，掌握人類神聖藍圖的揚升大師）最近一次傳給我的訊息說道：「沒有人會失敗，有心想進入第五次元的任何人都會成功，不論他們是否使用工具或祈求幫助。就像學步的孩子一樣，他們可能會用椅子來輔助自己，但不論學得快或慢，他們終將學會走路。」

你具備創造不同結果的能力

　　第五次元是我們的下一個振動目標，也是我們現在要前往的目的地。事實上，你或許已經在第三次元與第五次元之間來回振動了。這個事實可能會讓你感到驚訝。第五次元是一個充滿喜樂之地，是完美的人類狀態，但它並非生命的終點，也不

是傳統宗教所描述的天堂，而是某條岔路的終點。從這個分岔點開始，我們會開始真正地愛人如己，也會真正地關心地球，就像關心自己一樣。

從第五次元往前，我們會越來越接近被稱為群體意識或群體覺知（group awareness）的目標。這種體驗的另一個名稱就是一體性（oneness），這意味著我們是一個整體。你或許曾經有過這種與天地萬物合一的經驗，已經有很多人在冥想中體驗過，而現在的你對這種一體性的感知會越來越強烈。當我們進化到更高的意識狀態，這些感知也會隨之轉換與改變。

放下想探查到底的渴望

從遠處看野胡蘿蔔花*，它們只是田野中形形色色的野花之一，但是近看時，你會看到單一花莖上的繖狀花序是由五十枝或更多的小莖組合而成，而每一枝小莖上都開著十朵以上的小白花。這樣的一枝蕾絲花，更像是一個不斷擴展的動態系統或碎形系統。這就是你現在的位置，站在這樣一個歷史位置上，你可以開始理解自己有能力去想像某些新的、從未想過的結果，而它們可能會成真。

---

* 繖形科胡蘿蔔屬的一種植物，因為花序的排列和顏色類似蕾絲，也稱為安妮女王的蕾絲或蕾絲花。

　　你有能力創造出真實的、具體的、截然不同的結果，即使你還不知道如何去運用這個能力，但這就是你要前進的方向。不要問為什麼，摒棄探查的渴望，如此一來你才能從線性過程解脫出來，允許自己以一種新方式去「接收」訊息。

　　放下想知道「為什麼」的需求不是唯一的方式，卻是一個重要的意識工具，能大幅擴展你進入第五次元的能力。那麼，你如何做到這一點？當你問「為何……會發生？」時，注意你的想法並讓你的心態轉變成「好奇」；你可以改成這麼問：「我好奇發生了什麼事……」用好奇來替代為什麼，可以讓你接收到那些未必符合第三次元常態的訊息，而這是讓你擴展到第五次元思維的方式。訊息、解決方案或覺知，都會輕易對你顯現出來，不論是在你提問當下、冥想時或在你做夢時。準備好接受驚喜吧！讓無法解釋的事物成為可能。記住這句話：「現在是時候去改變你對於『什麼是可能的』的認知了。」

從第三次元的這個位置，

你認清自己的真實身分，其實與萬物並無二致，

看起來就像是一切當如是、一切皆有可能。

注意這樣的洞察，它會讓你的駕馭能力日益見長，

帶你進入永恆的第五次元狀態。

用心來跳這支舞

你必須知道，唯有在你的心也參與進來的情況下，你才能進入第五次元。有些人因為年幼時受到嚴重傷害，以至於發展出某種迴避能力，繞過心輪去啟動心輪上方的脈輪。為了能活下去，他們開啟了這種能力，因此我稱他們為「精神倖存者」（survival psychic）*。

精神倖存者透過心輪上方的脈輪來獲取訊息，並掌控他們所處的環境。他們用心智去使用這些訊息，而不是心。對他們來說，掌控才是最重要的，因為這是攸關生死的大事；在過去的某個時刻，他們認定了自己一旦居於劣勢就只有死路一條。所以他們所面對的艱難挑戰，就是學習如何打開並拆除他們為守護自身安全而構築的所有心牆，開始學會使用真正的心。他們必須學習如何透過自己的心，與憐憫、慈悲重新建立連結。

在大多數情況下，這些精神倖存者的心被層層保護著，以至於連自己也看不清楚心的真正本質。因此，把心打開會是一項艱鉅的任務。這些人被傷害得遍體鱗傷，卻又背負著羞恥感，使得他們無法分辨羞恥與罪疚感；羞恥是認為自己很壞，

---

* 在我的書《重織你的實相纖維》（*Reweaving the fabric of Your Reality*），你可以進一步認識這個主題。

而罪疚感則是承認自己做了壞事。在第三次元的世界，好人也會做壞事，我們都曾經做過令自己感到羞愧的事，但做過壞事並不會讓你變成壞人。在這些情況下，幫助自己的關鍵是找到療癒者來協助你快速前進、每天冥想，直到你能擺脫並超越自己的傷痛為止。

　　梅爾卡巴冥想（MerKaBa meditation）能夠產生巨大的改變，這是因為梅爾卡巴可以在第五次元封印你的心，保護它免於再度受到傷害，讓你不再害怕把心打開後會變得脆弱。原始形式的梅爾卡巴冥想十七式古典呼吸法會帶領你完成一系列步驟，讓你得以活化身體周圍的能量場，進而連結第五次元的自我。這是一個不可思議的冥想練習，能夠讓你輕易進入並停留在第五次元 **，這是因為梅爾卡巴會帶你進入包含這種振動頻率的能量場。

　　當你遇到周遭環境或他人傳來的低頻振動時，可以透過無條件去愛他們的選擇，讓自己保持在高頻振動中。這樣做，就能允許兩種振動頻率共存，直到對方提升到你的能量層次與你交會為止。這時，你就能把原本當成對手的人，視為你的朋友。如果你支持別人改變，而他們也在盡情展現自己的人生劇本，那麼你只要無條件去愛他們就好。

** 梅爾卡巴古典冥想法的練習，在書末的「相關資源」可以找到影音光碟的資訊。

在第五次元，你應該讓心來引導你的心智。精神倖存者是透過心輪上方的脈輪來獲取訊息、掌控周遭環境。由於過去的傷害，讓他們認定自己不是贏就是死。他們心中的傷口雖然很難癒合，但還是有可能做到。他們很容易被辨識出來，雖然他們看似已經自我調適到更高的境界，但言行舉止仍然可以看出曾經受過傷害，你可以用無條件的愛來幫助他們。隨著你逐漸習慣第五次元的狀態，你既不會摒棄心智，也不會摒棄心，因為這兩者就像在跳交際舞一樣，一個是帶領者，一個是跟隨者，可以融為一體地完美演出。你的心是帶領者，而你的心智是跟隨者，這是一支全新的雙人舞，也是你通往第五次元的唯一路徑。這是你前所未有的一個任務，你正走在這個時代之前！

在第五次元，你的心是帶領者，心智是跟隨者；
這是一支全新的雙人舞。

培養深刻的信任

信任是你在第五次元的全新經驗中，一個至為關鍵的元素。你還在第三次元或第四次元時，就可以開始運用它。好好

想一個你可以用來主動培養信任感的方法。比如說，住旅館時你會帶自己喜歡的洗髮精，然後把免費的洗髮精帶回家嗎？從現在開始，學會相信你一定有足夠的洗髮精可以使用，所以把洗髮精留在家裡吧。吃歐式自助餐時，你可以一次取用較少的份量，因為你相信總會有食物在等著你二次取用。排隊時，善意地鼓勵那些似乎趕時間的人排在你前面。一旦你採取了這些練習，就會注意到其他人也會為你做一樣的事，因為你改變了自己的振動，因此吸引了更多像你一樣的人，同時也會發揮影響力，讓更多人加入你們的行列！

正如我的指引者所說的：「我們邀請你進入相互關心與信任的層次。信任與知曉是有區別的，信任意味著你有失敗的可能，而知曉則是確信你一定會成功。」

要做到相信自己，需要更大的努力。因為你不知道要相信自己，或是相信自己的直覺？一開始，你往往搞不清楚，但是有許多方法可以培養這種深刻的信任，直到它轉化為知曉。其中一個方法是寫日記，把每次你突然莫名地知道了某些事的經過記錄下來，然後據此行動，並相信這樣做不會錯。隨時記下這些經驗，假以時日，它們就會發展成「知曉」。

不要用強迫的方式逼自己自尊自重，這也是信任的一部分。沒有人看見的時候，你會怎麼做？你尊重他人，因為你覺得這是在做對的事？最近的研究顯示，對自己的想法、情緒及

行為有良好自制力的人，不僅在學校或工作上的表現亮眼，也會更健康、更富有、更受歡迎 [2]。

學會不再緊盯著那些僥倖逃脫懲罰的人，而是決定以身作則，因為這麼做會讓你感到快樂。好的領導者會帶著其他人一起成長。

你可以找到什麼方式來適當地展現尊重並據此行事，不是因為你必須去做，而是你做得到？沒有人看著你的時候，你會怎麼做？如果你認為尊重自己、尊重他人以及尊重萬物是你唯一的出路，並付諸行動，那會怎麼樣？要記住，坐而論不如起而行。你要關心所愛的人、所欣賞的人，而他們的回饋將會幫你看見自己的盲點。

信任，意味著你有可能會得到一個不盡理想的結果。如果你選擇打破模式／軀殼，成為真實的自己，會怎麼樣？如果你不是相信而是知道自己會成功，又是如何？倘若你知道自己不會失敗，你會怎麼做？* 你相信太陽每天早上都會升起嗎？還是你知曉太陽每天早上都會升起？知曉代表結果是必然的，你知曉太陽會升起，並確信這不會錯。信任是一種選擇，你要像相信神一樣地相信自己。你會懷疑上帝嗎？沒錯，你正是需要

---

* 廣播電台談話節目《帕特博士秀─讓你成功的廣播脫口秀》（*The Dr. Pat Show—Talk Radio to Thrive By*）主持人帕特‧巴奇利（Pat Bacilli），經常提出這個假設性問題。

這樣篤定的態度——你不需要去相信，你就是知道。

　　這意味著，你選擇每天都與你的高我連結。每天，做選擇就是你展現自由意志的一部分；即使是連結高我的這種日常過程，都是一種謙卑的行為，因為你不再靠著自己的意志或小我去仰賴並使用過去的訊息。這種全新的信任還創造出了一套新的經濟模式，這就是大家所熟知的共享經濟。

　　你能讓陌生人住進你家裡嗎？全世界有好幾百萬人都在這麼做，他們也因此認識了很棒的旅行者。看看民宿網站 Airbnb 這類組織，會員們信任陌生人，並讓他們住進家裡。這意味著你知道，你是一個更大整體的一部分，而且每個人都是緊密相連的。

　　這種共享經濟不只跟房子或車子有關，你可能還注意到，只要你標明出處，許多成功的作家都會讓你引用他們的作品，比如我自己，我會同意讓有這種需求的人無償引用我的作品，只要求他們標明出處作為交換。因為我們了解，我們需要彼此學習及成長，而且這樣做有利無害。

· ·

你知道上帝相信你，你也相信上帝。

因為在這個自由意志區，

你每天都可以重新開始，每天都可以選擇。

每天你都在探索並發現你所知道的，

以及你的指引者要告訴你的。

走出舒適圈，給自己一個創造契機

　　這一章的內容可能挑戰了你的信念體系，你要去思考，現實可能有更多的可能性遠超過你原本的預期。瓦解舊有的信念體系，也是邁向第五次元的一部分。你不是放棄信念，你所做的一切是在擴展你的覺知，而信念是心智運作的方式。你要擴大你的舒適圈，那些阻礙你前進的存在巴不得你繼續待在常規之中。看看你目前的信念體系，是否被困在你所認可並維護的那個狹隘的現實版本之中？隨著你擴展並思考「什麼是可能的」，你將會對可能性有更多的理解。你所做的一切努力會創造出一個全新的現實版本，這既是真正的訓練，也是你最珍貴的機會！

第 **3** 章
揚升與第五次元的認識

　　在人類歷史上的此刻，是每個人都該被喚醒的時候。對某些人來說，他們會不由自主地被吸引去挑戰自己原本重視的價值及選擇。這種靈性覺醒，是許多年之前就被預示過的大轉變之一，始於所謂的馬雅曆法結束之時。許多靈性導師稱之為「揚升」。神奇的是，我被邀請參加馬雅曆法結束時在奇琴伊察舉辦的大慶典。這不是終點，更像是一個極為巨大的轉變。事實上，這種轉變預告著驚人的強大能量與頻率要出現了，我們會逐漸擺脫過去的模式，轉變也更容易發生。我們之中有些人會自然地去審視什麼是重要的以及眼前的選擇，但許多人卻是等了很長很長的時間才迎來這一刻！這個巨大的轉變，是一個時代的轉變。

　　你還在等什麼？你將會擁有更好的理解，活得更透澈與篤定，這是毫無疑問的。你與周遭的人將擁有令人驚奇、振奮人心的能量，而理解會自行幫你駕馭這股能量。這是你教育自己、成為大師、參與人類轉變的機會，一個躬逢其盛的難得機

會！在這一章中，我會先簡單扼要地介紹，並在後續篇章中更深入探討這些訊息。

什麼是揚升？

揚升是人類在身體、情感及靈性上的劇烈轉變，你的感受與思考都會與過去的你截然不同。以往，我們能想到的「揚升」是跟復活節有關的故事──基督必須先死而後「升天」（ascend）。但顯然的，我們這裡說的不是這種情況。事實上，這也是為什麼這個過程會如此神祕。一個凡人怎麼可能升天而不死呢？除了神的化身及神祕主義者，人不會在升天時還保有他們的肉身。所以，揚升的過程在很大程度上是不可知的。

揚升是否意味著你得先死，才能開悟或重生？不是的，當然不是！那麼是否意味著第三次元的結束，開始進入第四次元？不是。原因如下：我們目前已離開第三次元，正在第四與第五次元之間來回擺盪；而現在，我們已朝著第五次元的自己邁進了。有時候，你會處於第五次元而不自知，這就是為什麼你必須在第五次元覺醒。

如果你不會死，為什麼我們會把這個過程稱為「揚升」呢？因為這種轉化會讓「舊版」的自己變得面目全非。就像發生在所有蛹化昆蟲（蜜蜂、蜻蜓、蝴蝶）身上的變態過程，這

種轉化改變了一切，但牠們依然活著。地球人類的揚升，是完美人類從我們目前的蝶蛹階段化蛹而出的過程，這是一個必然的結果。即便我們已經走在這條路上了，但前進時仍可從某些額外的指引獲益。就像毛毛蟲變成蝴蝶，這樣的轉變雖然是個謎，卻真實無比。你可能聽說過這樣的科學實驗，有個研究人員提供了過多的外部干預，試圖幫助毛毛蟲掙脫出牠的繭，結果破繭而出的蝴蝶卻長出了畸形的翅膀。這就是自我學習如此重要的原因。對你的情況以及自我認識來說，掌握好自己的步調對成功至關緊要。基於這些原因，你必須（而且你也能做到）把自身的努力當作一種出於意志的作為，來協助自己的揚升過程。因為，這是你正在邁向自身的神性及邁向第五次元版本的過程。

我們不清楚每個人將會如何進入自己的第五次元版本。這是因為你生活在多重實相中，同時擁有多個版本的你，而每個人的揚升過程都是獨一無二的。當你變得越來越有意識，每天會主動選擇特定的活動、行為、信念及感受，這些都是出於無條件接受的非二元對立的能量；因此，你開始意識到你進入第五次元的程度遠比你所以為的更加深入。多重實相正在塌縮成為單一實相。

人類正從一個「全新的現在」覺醒過來。你的小我與心智發展出維持肉身存在所需要並能夠運用的技巧，以往的你對此

已經能夠嫻熟掌握了。如今，你準備好要迎接下一步的進化，你內在的新編碼正在被活化，下一波的進化「浪潮」正朝你而來。這是你將更高意識帶入所有一切的機會，就像你可能會在家庭聚會中帶一道菜跟大家分享一樣。如果你選擇把自己高度進化的意識當成禮物，並提醒自己，你正在為這場家庭聚會中的成員服務，而不是覺得比他們更優越，那會如何呢？答案是：你可以療癒自己，也可以療癒他人。進入第五次元的你，能夠為人類的轉化做出積極貢獻；許多在第三次元對你來說似乎遙不可及的技巧，在第五次元卻可以不費吹灰之力地輕鬆掌握。

　　隨著你越來越趨向第五次元，你自己就會變成一位揚升大師。你的進化過程是獨一無二的，而且不會快過你所容許的步調。在有些人看來，你在意識上的轉變看起來很激進；但在其他人的眼中，這種轉變卻是漸進且明確的「覺醒」過程，它所展現的是穩紮穩打的節奏。但可以肯定的是，每個渴望發生這種轉變的人，最後都會變成揚升大師。隨著你逐漸成長並發展出你身為揚升大師的獨特自我時，也就是你的第五次元版本，你的揚升將會為地球帶來改變，大地之母不會「留下你而自行揚升」。這就是為什麼整個天堂與地球都在等待及密切注意著，正如約翰・藍儂的名曲〈想像〉（Imagine）的一句歌詞：「全世界將融合為一體。」

肉體層面

　　揚升的肉體就是第五次元的肉體，只是更充滿了光、有點半透明，極可能還會發光。許多人在冥想時都看過這個版本的自己或其他存在，但沒有意識到這是每個人終將前往的目標。當然，難免有些人會固執地說：「我喜歡舊版本的實相，這樣就很好了。」這些人將會遇上各種機會，讓他們了解到，他們所知道的這個世界即將走到盡頭，再也無法維繫下去。所以他們面臨的兩個選擇是：加入新地球（New Earth），或是與舊地球一起毀滅。你會如何使用這些訊息？你要如何讓自己進入第五次元？

　　由於一開始的揚升是發生在肉體層次，有許多事物還有待我們去學習與發現。許多人會感到身體不適，他們越是抗拒，這些改變就會變得越艱鉅。他們可能看過好幾個醫生，卻沒有一個醫生能找出身體疼痛與不適的原因。當然，這只會給他們帶來更多的痛苦。如果你的情況就是如此，在用盡所有傳統的治療資源之後，你或許會想探索一些非傳統的另類療法，結果發現顧薦椎療法、針灸、自然療法、冥想或其他工具，可以幫助你度過身體這個轉變過程。你或許也會發現，改變日常飲食也有幫助。

　　有些經歷會憑空出現，幫你撫平前世或過去的創傷。假如

有些能療癒你身體的東西,是來自其他前世或時間軸呢?如果你正在與受到傷害的其他版本的你進行融合呢?考慮這一點很重要,因為當你打開心去接受這些可能性時,這些能量可以更輕易地與原來的你融合為一體。一旦你開始帶著明確的意圖去看待這件事,就會被帶往能夠幫助你的最佳人選面前;同時,你也會開始與自己的高我建立連結。

情緒層面

　　情緒是你對外的門戶之一。讓自己保持平靜與情緒平衡很重要,但即使你這麼做,可能還是會發現你的情緒無處不在,有時還會滿到要流出來。對許多人來說,情緒創傷可能是覺醒的源頭,這個主題非常重要,因此我另闢一章來深入探討(參見第五章)。情緒是人性特質之一,是帶著某種目的去灌「氣」(氣是一種不帶電荷的能量)的一種能力,其目的就是把感受表達出來。感受必須被表達出來,它跟經驗一樣重要,可以引導我們的經驗,並讓經驗更為深入。大多數的女性會發展出對感受的細膩覺知,而大多數的男性則專注於經驗;但一個身心平衡的人,會在兩者取得平衡。不論是男或女,當你逐漸意識到你真正是誰,就會發現當你選擇偏重哪一面,就會被吸引去發展出相對的另一面。

- -

第五次元的想法、感受及行動的交互作用

活在當下，但對風向保持敏感。

了解你的環境，但別讓它左右你。

學著理解你的感受，並信任它們。

三思而後行，現在就馬上這樣做。

在你行動之前審慎思考，然後放手讓你的第五次元版本去決定。最後再採取行動。

你要無所畏懼，但不要魯莽。列出你的所有恐懼，然後讓它們告訴你為什麼；藉此，你可以培養出無所畏懼的勇氣。

在第五次元，恐懼再也無法掌控你。

- -

心理層面

心智長久以來都處於掌控的優勢地位，但人類有充分的理由這麼做。西方社會始終認為，邏輯是得出結論的唯一合理形式，尤其在科學界更是如此。然而，我們正逐漸在思維過程中，打開心智這座大門深鎖的堡壘。邏輯是奠基於可重複性、可驗證的系統，因此這也讓它成了一種可預測的形式。只不過，在現在這個世界，凡是數學與科學的重大突破，大多數都出自於冥想與直覺，而不是智能上的推敲，這不是很有趣嗎？

大部分的突破都是某種神祕體驗所產生的結果。小我想抓緊舊模式不放，因為小我的首要職責就是保證你的生命安全；然而，對未知的恐懼，往往是心智與情緒在作怪。那麼，小我從何得知又如何決定什麼對你來說是安全的？答案是：它會從你的過往歷史來判斷。這就是為什麼學會跳出模式，並自信地問：「發生什麼事？」會如此重要，因為這會為你開展學習及接受的道路，採用一些你無法從經驗、感受中得知或理解的事物！

靈性層面

靈性轉化正在推動全人類向上提升。在揚升過程或在第五次元覺醒時，你的內在動機將會改變。你們之中有許多人都已經完成了揚升，正在擔任引路人（way shower）的角色；引路人不用證明任何事，他們是發自內心地為人類服務，也對萬物懷抱著深沉的愛。許多發生在你身上的事情，都超出了以往的經驗，你可能會開始看到人們的氣場或知道人們的一些事，或是開始感覺有股強烈的衝動想去做更多事，而不是只在公司埋頭工作。你散發出的光芒活化了新版本的你，因此所有與這些新能量不一致的人事物，都會讓你感覺不舒服。你可能覺得自己需要他（它）們，但你越是緊抓不放，你的轉化就會變得越激烈。在你需要時抓住，不需要時則要趕緊放手；你的幸福取決於此。你的整個意識正拉著你朝向高我前進。

如何知道自己進入了第五次元？

在第五次元，你不會太在意任何事情，包括自己。但這不是冷漠，而是另一種層次的慈悲，你不用付出什麼，卻能讓你安住在當下，並一視同仁地愛著萬物生靈。你明白自己的需求可以被輕鬆地滿足，你不需要選邊站或競爭才能領先別人。第五次元不同於第三次元的許多令人意外的特徵之一是：你不在乎人們是否喜歡你，也不在乎自己是否跟別人不一樣。你的確具備慈悲心，也真的關心他人，但這些都不會讓你陷入進退兩難的境地，也不至於會阻礙你前進。

你知道自己是在第五次元，因為你誠實、正直、善良，而且很輕易就能保有這些特質。不管大事或小事，你都不會為了保護自己或他人而隱藏真相。你還會發現，你更容易同情及憐憫自己及他人，也更願意承認自己的錯誤，沒錯，因為你還是有可能在無意中傷害他人。即便處境艱難，你仍然不失幽默；而且你甚至會注意到，即使你無意如此，但總會以善良與慈悲來回應他人。

那麼，你如何分辨其他人是否已進入第五次元？答案是：他們會充滿喜樂、有趣、不會一板一眼、充滿愛、平靜祥和。你能夠分辨出來，是因為即使是出差錯時，他們仍然保持著理解與愉快的心態，充滿耐心與滿滿的善意。當然，他們還是會

堅守自己的規範與標準，但不會發怒或傷人。

　　現在，你對於即將發生的事已經略有所知，讓我們接著來看看當你在第五次元覺醒時，會發生什麼事。你的能力會得到擴展並深化，你會有截然不同的需求、不同的食物偏好以及不同的欲望。你可能會發現一貫的睡眠模式被打斷了，也可能會驚訝自己不再被某些類型的食物所吸引；你甚至會發現，自己對某些消遣娛樂慢慢沒了興趣。

　　事實上，你甚至可能選擇出生在一個你覺得沒有歸屬感的家庭。如果你有這種感覺，或許事實正是如此！那麼，你為何會這樣選擇呢？因為這是讓你可以直接學習的方法，當你發現自己的真正根源時，就已經做好了為人類服務的萬全準備。如果你不是來自「這裡」，通常意味著你是來自第五次元那個更進化、以靈性為中心的群體。

　　這本書要談的，是關於你如何積極主動地利用第五次元的能量來支持自己。在開始之前，讓我們先把第一次元到第五次元的各個次元弄清楚。

第一次元到第五次元

　　每個次元都是廣袤無垠的，以至於我們想像與理解的能力往往受限於自身的感知。在我盡全力勾勒出各個次元的梗概之

前，要先來理解一個概念：我們可以用泛音列（overtone se-ries，由多種不同頻率的聲波組成）的不同振動，來類比各個次元的多種變化，而這種變化幾乎是無窮無盡的。泛音原理（overtone principle）立基於音樂與物理學，你可以想像一種弦樂器來幫助你理解：當其中一根琴弦被撥動時，它會以全長振動來產生一個特定的音高，而當琴弦在一半長度自然振動時會產生第一個泛音；再劃分一半（即四分之一），這些音符就成了緊接在後的泛音列，而且不只一個泛音列。以這種方式來細分，可以無止境地持續下去。同理可證，現在我們有多個現實版本；在這個系統中，多個組合與分支組合匯聚在多重時間軸中。理想情況下，人類會蜿蜒前進直至合而為一。比起更高次元的世界，第三次元是一個更具象的世界。當我們將感知從「極可能會發生的事」轉移至「有可能發生的事」，我們的想像與視界將會隨之擴展開來。以下分別介紹幾個多數人目前正在經歷的次元及其特性（參見表 3.1）。

第一次元

　　第一次元是專注內在的內部聚焦（inner focused），而且是單點聚焦；它也是一種自我覺知，可用單一音調來表達。這就是為什麼諸如調音（toning）之類的練習會如此強而有力，因為它可以修復在第一次元破損的所有事物。能量調音就是透

表 3.1　各個次元與所屬特性

次元	覺知	在現實中的位置	運動	你會注意到什麼？
第一次元	自我覺知	第三次元	無	存在
第二次元	點（自我）與線（其他人）	第三次元	無	關係；對比；自我／他人
第三次元	時間與空間；物質、心理、情緒及以太體	就在這裡！	線性	因果
第四次元	漩渦能量	星光界	以情緒為中心、高強度	旋風般上升流沙般下沉
第五次元	平和、寧靜知曉、喜悅	全新的現在	多向	想法、言語和行動都是一致的；任何缺乏誠信的行為都會帶來痛苦

過發聲來創造出一個聲音，可以從母音開始，譬如「喔（Ohhhh）」；你還可以加上一個子音，譬如調音的「嗡（Om）」，但子音可有可無。調音就像唱歌，只是不需要歌詞，只要有母音即可。當你以玩耍方式發出聲音並樂在其中時，比如邊洗澡邊唱歌，你很有可能把真正需要的振動放進你的聲音中。我建議你只要是可以發聲的任何時間，都可以一直這麼做。困在車陣中或是洗澡時，都可以用來做這項練習。一旦你對自己有信心，可能就會把這項練習跟你所認識的任何同修團體分享，一起研究、學習或冥想。你先要做的是調音練習，然後再看看你的冥想是否有進步。讓你的調音練習能夠自由發揮，這是來自上帝的能量，想像你就是全知全能的上帝，

無所不知、無所不能，這不就是上帝一貫的形象嗎？

為什麼我們要具體化並親身體驗所經歷的一切？我們選擇從不可分割的整體分離出來，選擇去製造一副遮蔽真理的面紗，讓我們去體驗非上帝的選擇。當我們擁有一切時，還會渴望去體驗更多。這樣的渴望來自我們的自我覺知，而且會越來越貪心。假設你是個藝術家，覺得已經探索了想要探索的一切，於是你想轉往另一種藝術媒介，想想看是否有人會對你說：「你哪裡出問題了？為什麼不能專心畫水彩就好？」當然沒有人會跟你這麼說。你的感覺會帶著你一起擴展，用以擴充自己的經驗。

往全知發展的過程中，我們與不可分割的整體分離了，彷彿我們製造出一副面紗，假裝我們不是上帝，或表現得好像我們沒有任何資源一樣。這種情形，就像一位王子走上街頭去體驗窮人的感受。我們為什麼要這麼做？我們之所以化身為人，就是因為其他途徑都無法讓我們有所成長。

第二次元

第二次元是專注外在的「外部聚焦」（outer focused）。在第二次元，我們與上帝的智慧一起運作。第二次元用音樂來表達，就是單音階（monochromatic scale），試想一下鋼琴的鍵盤，它的音階是一個個的琴鍵，不論是黑鍵或白鍵，每個鍵

都是音階的一部分。在這種音階之中,音高都非常接近。第二次元是以點和線為主,你可以把它想像成一張紙,沒有深度或厚度,只有長度與寬度。在我某堂課的冥想練習中,有位學生想回到他的第一個自我表達,看到的自己像是一張沒有厚度的薄紙。這樣的「紙片人」有點像是迪士尼電影《愛麗絲夢遊仙境》(*Alice in Wonderland*)中,原本是一張撲克牌的紅心皇后。第二次元的這個限制,在第三次元就得到了解決。

第三次元

第三次元是其他次元的投影,就像電影本是一系列的定格畫面,只是以一種呈現方式讓心智將它們擴展成為動作。第三次元的能量場是以數字和關係為基礎,我們擁有循序漸進的線性覺知,以及人事時地物之間的關係。這種對照與比較的能力,賦予我們所創造的一切事物各種關係。一旦你置身在第五次元,你是從其他次元被投射過來的這個事實,就會顯而易見。

許多高度進化的人在此刻來到地球,他們的目的是為了親自體驗憎惡、擔憂、悲傷,以及他們在這裡發現的許多令人遺憾的情況。對這些人來說,逃離這裡、重返上帝懷抱的渴望有時確實難以抗拒。如果你同樣也有這股逃離的渴望,你就是來此協助地球度過轉變時期的人,你的不適正是幫助這個世界的一股驅動力。你們之中有許多人都是化身為人來到這個艱難的

處境，以阻止悲劇發生；我的指引者也傳來訊息，傷害與虐待將會在你們的幫助之下終結。這通常意味著地球並非你們真正的家，隨之而來的就是想「回家」的渴望。會有這種渴望是很正常的，如果你也是渴望「回家」的這群人之一，還有一種可能是，你沒有盡到你此行的責任。不過，任務真的很難，因此你所要做的，就是更努力地去完成你的使命，這股渴望自然就會消失。

為什麼你會有這種感覺？那是因為你曾經如此接近上帝，以至於降生在此，對你是一種有形的痛苦折磨。要療癒這種痛苦，唯一的解藥就是做好你的工作，以某種方式來為他人服務。順道一提，我們在此所說的不是服勞役，而是服務。你的不適，若不是因為你沒有執行使命，就是因為你自認為無法完成使命。或許你還沒弄清楚自己的使命為何，但你的身體直接就反應出來了。如果這就是你目前的情況，不妨嘗試以下這段簡單的禱告：

　　親愛的上帝，請讓我知道祢有多愛我，幫助我找到我的使命並完成它。

在第三次元，我們的目標是平衡人際關係，以及平衡與我們互動的所有人事物。第三次元雖然建立於物質上，但要專注

於內在。這就是你，一種化身為物質存在的靈性能量，為的是親自體驗一切。

來自更高次元的個體擁有重要的覺察力，這就是為什麼有些人會發現某些情況或在特定的人事物周圍時，身體會覺得不舒服。任何會使你的能量感到不適的情況，你都要保持距離，假如你暴露在會令你不安的聲音或影像中（例如在電影院看一部暴力電影），請馬上離開。一旦你能夠掌控能量後，外物就不會再影響到你了，因為你可以直接把這些干擾擋掉。但在此之前，不要畏懼離開會讓你感覺不適的房間或地方。這可以強化你的真正本質，讓你勇敢做自己。

另一方面，有些人具備豐沛的天使能量，他們只需出現在這裡就夠了。許多委託人會被阿卡西紀錄守護者告知：「你的工作就是盡可能以最純淨的方式，將神的意識保持在地球上，並允許自己去避開那些會讓你感到痛苦的經驗。」在你決定要允許哪些人事物進入你的生命時，必須保持高度的選擇性。如果你的好友總是說髒話或咒罵，要求他們不要再這樣做，否則就遠離他們，另外去結交新朋友。提醒他們時要語氣溫和，告訴他們當你聽到那些話時感覺很痛苦。如果你現在的工作經常壓榨剝削你，或是有一段不對等或受虐待的關係，請求你的天使與指引者幫你解決這些問題。或許你會找到一份更好的工作，或許那個令你反感的人會離開。祈求奇蹟出現！除此之

外，還有哪些外在的不良影響呢？你真的需要電視嗎？四十多年前，當我的第一台電視壞掉後，家裡就沒有電視了；而令人驚訝的結果是，我那個原本有閱讀障礙的兒子，竟然開始讀起書了。如今，他成了一名工程師。

第四次元

第四次元仍然存在著二元對立的特性，因此有高下優劣之分。這裡有一種移動更快的能量，我把它視為流沙，就像把你往下拉的漩渦能量，有時甚至會低於第三次元。而向上提升的感覺就像一股輕柔的龍捲風，輕輕地將你抬升至更高的境界。第四次元也擁有被稱為星光界（Astral plane）的能量，星光界位於第四次元層次較低的區域，許多惡魔、存在以及其他令人厭惡的能量都聚集在這裡。最後一點，第四次元是情緒與情緒表達的所在，也是一個具備高度創造力、但仍帶有極性的區域。我們沒有必要真正進去第四次元，因為我們會本能地把第四次元當成門戶或連接點，許多人會快速通過這個過渡區，不會把它當成目的地，也不是你會想停留之處。在理想情況下，這是一個讓你得以抵達目的地的途徑，你不妨把它想像成第三次元與第五次元之間的交通要道。

你往往會在第四次元體驗到深刻的情緒，深刻的快樂與悲傷都可以在第四次元找到。深刻的悲傷會像流沙一樣把你往下

拉，而巨大的喜悅則可以讓你急遽上升到第五次元。除非情緒極其強烈，否則你通常不會注意到第四次元，例如某個對你很重要的人離開了你，或是某人的死亡讓你體驗到強烈的情感波動。然而，你也可能在第四次元發生靈性變化。你無法重新創造這樣的經驗，但它會改變你，或許它會帶給你洞見、智慧、悲憫或自制力。

一般說來，第四次元與第三次元看起來差別不大，因此你可能不會注意到自己已經進入第四次元。很多時候，往往是等你回到第三次元後，才會意識到一些不尋常的事情正在發生。第四次元有非常高的創造力（不是生產力），進入第四次元的一個標誌是情緒會逐漸增強，另一個標誌是東西會無故消失不見。

你是否曾經有東西就這樣莫名消失了，到處都找不到——即使你確定把它留在某個地方？過了一段時間後，當你掏空皮包或抽屜時，那件東西就剛好出現在你最後放置的地方？一開始，當這種情況發生在我身上時，我會問：「我的東西去哪了？」而我的高我總會給出這個答案：「在第四次元。」一直等到我這麼問：「發生什麼事了？」我才會發現，原來當我把那件東西放下時，我人就在第四次元；所以當我回到第三次元時，東西就不見了。一旦我理解到這一點，就能輕鬆地把東西找回來，我只要說：「如果我不見的東西是在第四次元，我希望把它找回來，謝謝。」然後，它就會出現在我先前找過的地

方。如果你的「東西」不見了，應該也經歷了這種次元之間的轉換，你只要說：「我想要把我的某某（說清楚東西的名稱）找回來。」你就可以跟我一樣把不見的東西找回來。接下來，你會回到較高的振動頻率，瞧！你不見的東西就在你原來放的地方。

這個解決方法之所以有效，是因為你已經擺脫了焦慮的情緒，進入一種接納的心態。雖然這種接納程度可能只是初級，但足以讓你擺脫負面情緒，提高你轉換到更高次元的可能性，並給你足夠長的時間在另一個次元找回不見的東西。第四次元即使看起來與第三次元極其相似，但這個振動層次，其實是你投射出來的，好讓你能夠同時在第四次元與第三次元都擁有感知及行動能力。然而，如果你的振動只發生在第三次元，那麼你在第四次元就無法行動。這些經驗引導我去理解，為何要在更高次元擴展意識及表達能力。

第四次元的存在目的是創造出移動空間，好把你往上推或往下拉。這個次元讓你得以進入一個流動的空間，其中攜帶著往上及往下這兩個方向的振動。這個作為傳送門戶使用的次元，目的不在轉化你，而是讓你的情緒變得更強烈，好讓你升級為第四次元。如果你能安住於心，並集中注意力，你可能很快就會通過第四次元。這個門戶的能量是為了讓你往上或往下移動。想像你站在電扶梯底部，除非你先踏上階梯，否則它無法

將你帶往更高處。你有過情緒失控的經驗嗎？你能否感覺到情緒正在失控？你是否明知道自己正在往下墜落，卻無法或不願阻止？這些都是第四次元往下移動的表達方式。在第四次元的陷落地區，你會遭遇到暗能量。此時的你會選擇往哪個方向移動？你會利用這個傳送門戶幫你更輕易地進入更高的次元嗎？

　　介於第三次元與第五次元之間的這個過渡區，會為你帶來有利的影響。在第四次元的天堂之境，有更高的情緒表達，充滿了活力及吸引力。在這種能量下，你將透過一些提示而變得更有覺知。注意並尊重這些提示，因為每個提示或洞見，都會主動引導你更深入意識、更有覺察力。誠實正直的覺知將會讓你做出有助於你快速向上轉變及進化的選擇，有時候甚至會讓你悄悄溜進第五次元而不自知。

- -

在第四次元的天堂之境，有更高的情緒表達，

充滿了活力及吸引力。在這種能量下，

你將透過一些提示而變得更有覺知。

注意並尊重這些提示，因為每個提示或洞見，

都會主動引導你更深入意識、更有覺察力。

- -

第五次元

　　第五次元會讓你置身於一個寧靜平和的地帶。你如何從第四次元昇華到第五次元？當你的情緒體（emotional body）跟你的身體達到完全諧振後，就會發生。要做到這一點，方法是把你自己投射到蟲洞（worm hole）*中，蟲洞的作用類似密碼鎖，其中的每一層都要相互對齊才開得了鎖，這意味著你的身體、心理及情緒各方面都要協調一致。你可以用幾種方法來實現這個目標。

　　最簡單的方法是先有一個明確的意圖。一開始，先觀想出一個畫面或產生一個意圖，能夠清楚地顯示你以第三次元的身體進入第五次元的結果。你第一個要做到的目標，就是確保你的想法與情緒或是情緒與行為，都沒有任何相互牴觸或衝突之處。真正做到正直、誠信、心口如一，是你得以持續待在第五次元的核心要點。如果你想的是一回事、做的是另一回事，而感覺又是另一回事，你就等於在給自己設置一個通往第五次元的路障。有多少次你發現自己在忙著否認？當你發現各個層面的自己都不同步時，就無法待在第五次元。

　　注意來自身體、心智及精神層面的抗拒，讓這些抗拒被釋

---

* 編按：蟲洞是宇宙中連接不同時空的狹窄通道。

放出來。有時，這股力量會透過運動、舞蹈、脊骨調整及適當的身心技巧被釋放出來。身心學（Somatics）是哲學教授和運動理論家湯瑪斯‧漢納（Thomas Hanna）首創的一套技巧，這套伸展系統透過自主運動系統（voluntary motor system）來重新控制肌肉，把存在於身體中的抗拒釋放出來，有時也可以透過運動（比如氣功）來釋放身體的阻力。

你接受的教導可能讓你以為人生必須不斷地鬥爭，並且對此深信不疑。然而，並非如此！你可以寫一篇感恩日誌，為發生的每件事感謝上帝，然後你會發現很多問題都能輕易地迎刃而解或者消失。不要執迷於你的人生劇本，也不要在情緒經驗中迷失；善用這些經驗，讓你與更高的意識建立連結，它們原本的用意就是如此。佛教徒說：「你的想法不是你。」同樣的，你的情緒也不是你。

學會幽默以待，笑看人生。如果有人說你很愛笑，那就謝謝他們。如果你連面對困境時都能一笑置之，那麼你很可能已經進入了第五次元——至少在某些時候。當你移動到第四次元的上方，就不會再有被羞辱或被輕蔑的感受，甚至不再覺得那是針對你的羞辱。以下是發生在我身上的一個例子。在我姊姊去世一週年祭日那天，我特地去陪伴我母親，我知道她在這個日子會有多煎熬，因此希望在她一年中最傷痛的時刻能夠陪伴在側。我們母子兩人和我繼父一起去了教堂，結束禮拜儀式

後，由我母親開車。上車時，我繼父希望我能坐在前座，但我們三人一起出門時，我從來沒有這麼做過，因此我禮貌拒絕了，並建議他去坐前座。最後在他堅持之下，我只好坐上了前座。接著，他開始指責我：「個性就跟你母親一模一樣。」事實上，這話聽到我耳裡都成了讚美。於是我轉向他說道：「謝謝你，這是你對我說過的最美好話語之一。」我心境非常平和，沒有一絲諷刺，也沒有懷著怒氣。

　　身為一名金髮碧眼的女性，我常開玩笑說：「你侮辱不了一位金髮女郎，為什麼？因為她只聽到了讚美。」進入第五次元後，你會發現每件事都很有趣，這也是你進入第五次元的一個標誌。由此可見，狄帕克・喬布拉的著作《上帝為何大笑？》（*Why Is God Laughing?*），書名取得有多貼切了。

呵護反應

　　呵護反應（nurturing response）是一個重要的指令，可以讓人們立即有意願去幫助他人，從而持續待在第五次元。所以每當有事發生時，沒有受到波及的人通常第一個反應就是：「你還好嗎？」呵護反應最常發生在母親身上，當孩子跌倒時，她會馬上問：「你還好嗎？」然而，卻有許多人從未受過這種待遇，他們心中的缺口如此巨大，甚至無法對這句話做出回應。因此，我會舉例來說明。呵護反應之後，接下來就是探

討原因。訓練自己，在任何破壞性的混亂發生時，如果你是那個沒有被波及的幸運兒，必須先對其他人說：「你還好嗎？」然後再問：「發生什麼事了？」「這是誰做的？」或是「為什麼會發生這種事呢？」但這些問題，都要等到你確定每個人都沒事之後再問。

有時你會因為陷入困境而感到異常沮喪，而且似乎無法跟他人講道理或是一起合作。這個時候，想想呵護反應。你如何選擇呵護反應？當你遭遇侮辱或輕蔑時，不妨深呼吸，暫時抽離一下。向你的天使或指引者尋求幫助。你要認清這一點：有時候，對方並不是有意讓你不好過，或許他只是在表達自己的感受或他所受到的傷害。對你來說，你可以將對方這樣的表現視為求救訊號，藉以激發你的呵護反應。請求你的天使與指引者幫你發展出自己的呵護反應，在你每天的日常冥想中釐清你的意圖，這將會幫助你進入第五次元。

呵護反應會讓你看到並承認對方的痛苦。如果你真的傷害了對方的感情，而她正在以呵護反應來牽動你的不忍之心，你要怎麼做？這時候就是你要說「我不知道我傷害了你」這句話的適當時機了。即使承認你可能傷害了別人，對你來說會很痛苦，但認可對方所承受的痛苦是非常重要的一步。這會改變事件所有相關人。感恩是其中的關鍵。你接受的教導或許告訴你，你會生氣、會憤怒都是合情合理的，但其實，憤怒永遠都

缺乏正當理由。每當我遇上強烈的怒氣或這一類的負面能量時，我的解決方法都一樣：荷歐波諾波諾（Ho 'oponopono）[*]練習及呵護反應，前者是一種極其強大的工具，可以幫你走出以小我為主的想法、行動及反應，同時也幫你邁向第五次元。

第五次元的人際關係

　　人際關係提供了一個最快速的機會，讓你得以展現你的第五次元自我、保持安全，並創造更多的第五次元經驗。我們就來探討一下這是如何運作的。在第三次元，每當有人對你造成肉體上或情感上的傷害時，你很可能會承受某種痛苦，而想讓對方跟你道歉。你覺得自己理當得到一個道歉，這在第三次元中是很合理的觀念。不過，第五次元的運作卻不是如此。

　　在第五次元，遇到同樣的情形，你還是會感到失望，但你不需要任何人向你道歉。這是因為，第五次元不存在著批判與評斷。切記，道歉意味著有人犯了錯或做了壞事，而你想要從他那裡得到安慰。你的家人、朋友及摯愛，或者是對你有最大影響力的人，跟你最親近的這些親朋好友可以給予你安慰、讚美你，讓你的情緒立刻得到釋放。很多人曾經有過這樣的經

---

* 編按：荷歐波諾波諾是古夏威夷一種寬恕儀式，透過接受、寬恕及和解來解決個人問題和人際衝突。

驗：孩子舉著一根受傷的手指頭朝著你跑過來，說他的手指被門夾到了好痛。如果你馬上呵護他，他很快就會停止哭泣、扭動，甚至忘了這回事。但如果你選擇不理會他，只對他說：「去外面玩，你的手指沒事啦。」或是「我知道那扇門壞了，我這個禮拜會請人修好。」你就是在刻意忽視孩子，並把自己對孩子的回應合理化。

合理化自己的行為也很重要，但你必須用自己的時間獨自去做這項工作，當你的家人或伴侶因為痛苦而需要安慰時，你就能提供幫助。切記，讓心引領你，並讓心智尾隨其後。在第三次元，小我支配了一切，這意味著你在乎的是保全面子：「應該要怪誰？」但在第五次元，你的心充滿了愛，你心心念念的是去撫慰那些深陷於痛苦的人。

不同性別有各自偏好的操作方式。男性一向是行動導向，而女性則更偏向言語導向。所以，當女人需要安慰時，男人會上前張開雙臂擁抱她，直接以行動來表示。而當女人要安慰他人時，她可能會問：「你還好嗎？」她們給出善意，而男人給的是安慰。

當我先生做了讓我苦惱的事時，我不會想要他向我道歉，因為這暗示他沒能達到我的標準，也意味著我比他更好。渴望或期待對方道歉，是將我對現實的看法強加在他的身上，這樣做只會將我固鎖在第三次元。我不會去評判我先生，即便當我

有事倚賴他而他卻不予回應，讓我覺得很受傷時。對我來說，讓他知道我的感受非常重要，但他是否向我道歉並不重要。我相信，一旦他了解我的感受，就足以在未來引導他以一種不同的方式去行動。另一方面，如果他能安慰我、認可我的痛苦，而不是指責我，我們彼此的心意就能相通。如果他老實承認：「天啊，我知道你受到了傷害。」雖然這無法消除傷害的源頭，卻說明了傷害確實已經造成。每個經驗都有它的效益。只要對方承認該經驗確實發生過，我們就不需要求對方卑躬屈膝認錯，或成為擔起責任的一方。

我的孩子們從小就被要求在清洗、烘乾自己的衣服之後，要把衣服摺疊好。但是等他們過了八歲後，卻開始穿著皺巴巴的衣服了！這讓我看了很不舒服，因為我希望他們能像我一樣，盡可能展現自己最好的一面。另一方面我又覺得，如果他們不想把自己的衣服摺好，寧願穿著一身皺巴巴的衣服，那我就應該隨他們去。雖然，我暗自希望同儕壓力能在他們身上發揮作用，讓他們老老實實地把衣服摺疊好或熨燙一下。然而，接下來發生的事卻跟我的預期大不相同，而且充滿了新意：我的孩子們帶回來一種洗衣噴霧劑，瞬間就能消除衣服上的皺褶，實在棒呆了。不做任何評判，可以為各種解決方法另闢新徑。

我教導孩子，犯錯時要道歉或承擔起責任。在第三次元，當事情出了錯而讓我們受到傷害時，我們會期望得到道歉；如

果東西壞了，我們會想讓它恢復原狀。我們區別對與錯，區分受害者與加害者。但在第五次元，只有受傷、承認、接受以及安慰，而不加以評判，這樣做的結果可以擴展雙方的愛。「奇蹟課程」教導我們，道歉是不必要的，因為不存在所謂的侮辱或冒犯。

表 3.2　事情出差錯時

這些反應會把你鎖牢在第三次元	這些反應會讓你安住在第五次元
受到傷害後，要求道歉	受到傷害後，給予安慰
受到傷害後，要求補償	如實接受
對與錯	承認
受害者與加害者	不評判
	結果：擴展愛

第三次元到第五次元的真實體驗

在第五次元，你甚至有能力改變現實。你可以使用的最重要工具之一，就是向宇宙提出個人請求：「我請求一天的人間天堂。」當你提出時，你就改變了現實，因為你已經給自己以及你遇到的每個人第五次元（人間天堂）的能量印記。

我舉一個具體的例子來說明。有一次，我在研討會的晨間儀式提出了這個請求。那天上午稍早，護士伊莉歐納在冥想時看見她家外頭發生車禍，位置就在她住處附近一個交通繁忙的交叉路口。稍晚結束冥想後，她真的聽到輪子摩擦地面的刺耳

聲響以及車子的碰撞聲，於是她趕緊跑到街上，不假思索地劈頭就問一個站在毀損車輛旁的男人：「那個女人在哪裡？」原來，她問的是早上冥想時見過的那個傷勢嚴重的女人。男人還驚魂未定，回答她：「她在最後一刻決定不來了。」伊莉歐納回到課堂上時，問我為何她在冥想中看到的情形，會與實際發生的不一樣？我提醒她，我們當天所請求的：「請給予我們自己以及所接觸到的每個人都能擁有人間天堂一天。」我的指引者表示，我們在晨間儀式上所做的祈禱，已經將現實改變成另一個第五次元的版本，使得原本會受傷的那個女人不必經歷這場車禍！

如果是你，怎麼辦？

眼看著就要發生一場車禍而你什麼都做不了時，請「閉上眼睛」。閉上眼睛是進入第五次元並穿越事故的一個方法，你可以說「和平」、「安全」或任何字眼，讓自己集中心神並在心中創造出與預期完全相反的結果。

神奇的次元轉換，改變事故結局

許多從第三次元移動到第五次元的例子，都與意外事故有關。我聽到的這類故事多不勝數，無法一一記錄下來。剛開始，我還打算把這一類的故事集結成書呢！肯・佩奇（Ken Page）就是其中一則故事的當事者。

他開車上高速公路時，遇到一部牽引拖車與多輛車子造成的一起重大交通事故。他說，當時他看著握在手中的一塊水晶，接下來他只知道，他在後照鏡中看到追撞成一堆的車子已經在他的後方，而他前方的道路則是暢通無阻。我讀過一本由賀曼卡片公司（Hallmark Cards）出版的好書，書中也描述了一件類似的意外事故：有位女士在暴風雪中看到一輛車子駛出車道時，正好撞上一輛迎面而來的半牽引式拖車。結果不僅雙方駕駛毫髮無傷，連車子都沒有受損。在薩拉索塔（Sarasota）上課時，我的學生傑夫・佩萊茲（Jeff Pelez）也描述了一場「不可能發生的」類似事件，違反了所有已知的物理法則。傑夫說他有一回開車進入一條視線不良的彎道，彎道另一側有一片柵欄，車子無法通過。當時有一輛黃色車子跟在他後方，試圖超車。就在他決定開進對向車道時，突然有一部紅色車子迎面開過來，由於時間緊迫，因此緊跟在他後面的黃色車子根本不可能閃躲得過。但是片刻後，等他再睜眼一看，原本前方勢

必會撞上來的紅色車子卻好好地開在他的車子後面。

　　我在洛杉磯的一位朋友，她女兒有一次在尖峰時刻開車上了一處陡坡時，車子引擎突然故障，當時她正開在最左側的快車道上。她閉緊了眼睛，心裡一直念著「安全」兩個字。等到她睜開眼睛時，她「看到」已故的祖母坐在她的身旁，而車子卻好好地停靠在最右側的路肩上，讓她可以打電話求助。

　　還有一個類似的故事發生在我朋友凱蘿‧卡柯奇（Carol Kakoczky）身上，那天她開著新車上路時，看到一位年輕女孩開著車向她直衝過來，眼見幾秒鐘內就會撞上她的車子；就在這危急關頭，她在心裡默念著「安全」，宛如咒語般一遍遍地複誦。然後，那輛車子在撞到她的車子後開始旋轉，驚險地擦過一輛卡車後翻滾了幾次，最後在高速公路的另一邊停了下來。當場把卡車司機嚇得目瞪口呆，而那位年輕女子從車子裡走出來時，竟然毫髮無傷！

來去次元之間

　　對那些仍然以第三次元方式思考的人來說，有個事實可能會讓他們大感驚訝：他們完全沒有發現，自己有可能從第三次元滑入第四或第五次元，然後又回到第三次元。不過在事後，提升的覺察力會讓他們開始注意發生了什麼事。例如，他們可能會注意到自己正在「走向第五次元」，因為即使面對艱難的

處境，他們仍然可以感受到喜悅與愛。這可能意味著，在其他人意識到之前，他們早就知道周遭會發生了什麼事。此外，他們也可能被賦予了某種能力，讓他們即便在重重困難中也能安住於心，滿懷著愛與耐心。

　　請注意，當你人在第五次元時，你完全看不出真正的緊急情況與挑戰；只有在你回到第三次元後，回想起來時你才會恍然大悟，意識到你避開了某個災難，或意識到在第五次元時有多麼不一樣。這是你的意識要升級為第五次元的跡象。

　　學員凱莉在上完梅爾卡巴冥想課程後，跟我分享了以下的經驗：

　　「我先生跟我最近去另一州參加兒子的警校畢業典禮。我非常不喜歡那個地方，總覺得那裡的能量濁重到讓人喘不過氣。在即將出發的那幾天，我接收到的訊息告訴我，等我們到那裡時，我要做些功課來讓自己能夠保持在較高的振動頻率[*]。

　　「接收到的訊息還告訴我，這次出行可能會讓我跌出最近幾週以來一直維持的高振動頻率。但是，當你感覺好得不得了時，你總會想：『那種事不可能發生啦！』正如我們所知，要轉化層次較低的能量並安穩待在高能量狀態，往往會耗損大量

的能量，而且有可能將你打回原形，重新落回到第三次元。訊息還告訴我，這一次出行我可能會發現一些新工具（這個訊息是讓我覺得這趟旅行可能會不太愉快的第一個線索）。在我兒子的畢業典禮上，一段令人不安的影片突然開始播放，讓我猝不及防，心裡也忐忑不安起來。」

　　凱莉跟我談起這次的經驗時，我對她看到那段影片後的反應做了以下說明：「像凱莉和我這種異常敏感的人，可能會被不愉快的經驗擊倒，而無法繼續保持在原先的狀態。換句話說，在這個星球上有些人會積極為其他人保持更高的頻率，但當他們遇上各種暴力或令人不安的低頻能量時，可能會產生跟神聖中斷連結的失落感。事實上，發生在凱莉身上的事正是如此。當你在第五次元時，你與神聖的聯繫是非常緊密的。

　　「當我們真正調整到與高我同樣的振動頻率並與之連結時，會覺得所體驗到的一切都是真實的，就像去電影院看電影一樣，我們會自動地把所有懷疑先擱置下來。而大部分的人都戴著與生俱來的各種濾鏡，所以他們不會去注意，也不會有這一類的反應。

　　「當一個人越來越趨向第五次元後，純淨就取代了這些濾鏡，一點點刺激或難以入目的影像都可能帶來肉體上的痛苦，因為這些影像所表達的都不是無條件的愛。一直要到某個時刻，當所有人類都在同一個水平上振動時，這個問題才能一勞

永逸地解決。」

　　凱莉繼續說道：「返家幾天後，我還是覺得自己就像被一列能量列車撞到一樣，非常不舒服。於是我決定從第二天開始，無論如何都要回到第五次元。」

　　凱莉大聲說出她想「回到」第五次元，而她確實做到了。上完梅爾卡巴的課程後，她就一直待在第五次元。這樣的聲明，幫助凱莉展開了她往上走的旅程；她想回去的意圖及渴望，為她提供了實現這個目標的工具。一旦到過那裡，你總是能找到回去的路。

　　凱莉事後說道：「我們一向認為說比做容易，而這正是莫琳的物理共振理論以及一些很酷的靈性新工具能夠立即發揮效應的關鍵。」

　　凱莉為自己所做的一件事，就是在幾天後打了電話給我。在我們的談話過程中，她多次提到自己的頻率似乎上升了。當有兩個以不同頻率振動（一個較快／較高，另一個較慢／較低）的源頭一起共振時，就會發生這種情況。較高的頻率會成為焦點，吸引較低的頻率來跟它共振。以凱莉的情況來說，她強烈的渴望使得她如願提升了自己的頻率，並傾向與較快／較高頻率的振動一致。

　　首先，她要有意圖去做這件事。她決定不再待在較低的能量中，因為那不是她的現實，也不是真正的她。於是，她立即

就感覺到了轉變。

接著，她的高我和宇宙達成了共識並建立連結，讓她得以提升她個人的振動頻率，這就足以讓她回到第五次元了。她說：「它就這麼轟隆一聲就發生了！」

轟隆一聲，意味著這不是一次平穩的著陸。經過我們這一次的長談，她的自我感覺好極了。但就在短短的十五分鐘後，情況卻驟然惡化。她的胃就像被一把老虎鉗夾住一樣絞痛起來，接著開始反胃想吐。她詢問她的高我，得知那是能量轉變導致的，而不是身體出了問題。但對她來說，這種能量反映在身體上，卻讓她承受了程度最高的疼痛等級（滿分十分）。她做了一切能做的事來緩解疼痛及嘔吐，甚至包括分娩時才會用上的拉梅茲呼吸技巧。

接下來，她突然冒出了想衝進水中的怪異衝動。我還建議她可以泡個瀉鹽浴以清除能量，但她手邊沒有瀉鹽，所以決定去淋浴，那樣的沖刷應該能夠沖洗掉所有的能量殘骸。

凱莉描述當時的情形：「我一關掉水龍頭，馬上就感受到一種驚人的開放感受，訊息不斷向我湧來，而且持續在增加！我得到了所有我能想到的答案，甚至在我還沒有想到之前。我知道我完全回到了第五次元！

「接著，我完整地下載了所有發生的事……這是我原先要求這麼做的，你還記得嗎？我決定最遲在第二天就回去第五次

元，這個意圖如此強烈，因此宇宙提供了我一項『工具』，也就是與擁有這股能量的莫琳聯繫上，幫助我清除最後的能量障礙（不論那是什麼），並強烈要求讓我重新恢復到這趟旅行之前的狀態。

「除此之外，我還意識到自己能量系統的快速提升，十分迅速地改變了振動頻率（更別提次元了），也因此才會帶給我這些身體症狀。當我決定擺脫低能量狀態，並於第二天在第五次元覺醒過來時，我終於想起了前一天得到的新工具。所以我說：『我選擇在對身體沒有不良影響下，去體驗這樣的重新啟動。』然後，我的症狀就大幅減輕了。雖然沒有完全消失，但已經足以讓我不用再做拉梅茲呼吸法了。」

凱莉提出了一個很重要的觀點：當我們選擇快速回到第五次元時，加上「以優雅且輕鬆的方式」這個條件，會是明智的做法。

有太多因素會影響你停留在第五次元的能力，而且可能多數是不可抗力。那麼，你可以怎麼做呢？一言以蔽之，就是靠你的意志力。任何被擠出第五次元的人，只要下定決心去改變他們的振動頻率，就能吸引達成這個目標所需要的外部因素。凱莉是一個靈性高度進化的人，早已準備好要去實踐這個訊息，當然你也可以做到。

讓阻礙消失的關鍵

　　「阻礙人類前進」的能量一直都在，而我們已經走到了最後階段。我不曾試圖解決這個問題，只是指出了一個不容懷疑的事實：宇宙潛伏著一股能量與力量，阻止人們揚升為第五次元的神性自我（God-selves，即真我）。正如我在前一章所說的，「阻止」人類向前邁進的能量與那些存在，企圖把人類一直固鎖在第三次元，讓人類無法改變或改善自身的生命，如此才能繼續當既得利益者。

　　這一章的內容有可能成為促使你改變的關鍵之一；如果你還無法理解，不妨再細讀一遍，然後回到前一章看看我如何保證你的揚升必然會發生，因為那些力量再也無法阻止你了。你擁有的力量和資源遠遠超過你所能想像的，而關鍵就在於你的想像力有多大。

第 **4** 章
歡迎進入第五次元

　　在這一章中，我們會開始探索一些工具，好讓你做好準備去迎接第五次元的覺醒、第五次元的基本自我覺知，以及置身於第五次元的一些跡象與徵兆。

　　第一點也是最重要的一點是，設定清楚明確的意圖。晚上睡覺前，可以用一句簡單的祈禱（比如「我請求在第五次元覺醒」）來開始這個過程。如前所述，當我開始教導其他人祈求「請給予我以及所接觸到的每個人都能擁有人間天堂一天」時，我也開始召喚第五次元的能量進入。這就產生了神奇的結果。當我寫到這裡時，我還可以聽到「以及我所接觸到的每個人」在耳邊縈繞。

　　設定明確的意圖，可以讓你有意識地接通這股能量。由於每天都是一個全新的開始，因此你每天都可以重新設定意圖，並決定全心去愛生命、愛你的人類同伴、愛你自己以及愛地球上的所有生命。試著想像你有一台在影集《星艦迷航記》（*Star Trek*）所見的那種應答機，並設定了你的目的地——前

往第五次元；這會使你輕易去到你必須去的地方，產生你必須產生的結果。你的能量集中在哪裡、覺知放在哪裡，那裡就是你選定的目的地。

關於這點，量子物理學為我們釐清了好些疑點，說明了粒子與波即便在被測量時，都有證據顯示兩者（粒子與波）是同時存在的，而且是觀察的舉動促使它成為現實。如果說，你可以在不止一個版本的現實中觀察自己，然後選擇最滿意的那個版本的你呢？

請求神聖者的協助

一旦決定要進入第五次元，就不要吝於請求協助。我每天會至少一次，請求讓我的覺知「進入第五次元」，你也可以這麼做，請求你的天使、指引者及揚升大師們的協助。你還可以請求哈索爾（Hathor，一群來自金星的愛與光的第五次元存在）* 來協助你，她們的能量充滿了無條件的愛，如果你要求她們庇蔭你並打開你的心，她們會幫你，而你將會開始以這種充滿愛的第五次元存在來行事。假如你需要額外的協助，可以

---

* 編按：哈索爾是一個善用聲音來進行療癒的族群，本質是高振動的能量與跨次元的存在，古埃及女神哈索爾為其代表。

吟誦簡短的〈哈索爾頌〉：「El Ka Leem Om」，這是一句揚
升咒語，包括土、火、水、風四個元素。〈哈索爾頌〉是極為
強大的改變工具，你可以一遍遍地重複念誦**。

圖 4.1　古埃及女神「哈索爾」雕像。此為冥想 CD《揚升咒語》
（*Mantras for Ascension*）的封面圖。

喚起決定的力量，駐留在第五次元

幾乎每個人都是在第三、第四及第五次元之間保持著平
衡，有可能進入第五次元後仍不穩定，也有可能你的情緒體進

** 你可以在《揚升咒語》第二首曲目找到關於這句驚人咒語的補充說明，關於這片 CD
的其他訊息列於書末的「相關資源」。

入了第五次元，但身體還留在第三次元。有時候，原因可以歸結到一個決定，這個決定活化了下列的其中一個可能性，成為你的解決方案之一。這一類的決定將會大幅強化你的能力，讓你待在第五次元的時間越來越長。

將你的神聖能量帶進所有一切

在我成長的過程中，家人總會在用餐前祝福食物。這個慣例在很多家庭中似乎早已被遺忘了，但祝福儀式的確改變了盤中的食物，因為裡面灌注了你的意識與能力，讓神聖能量（或說上帝能量）附著在食物上。我父親是個虔誠的天主教徒，他是溫室栽培者，每次播種時，都會請神父前來祝禱。祝福可以透過各種行動來完成，包括閱讀電子郵件、採購日常用品，或者進行每天的日常工作。要祝福某項行動時，可以透過一句簡單的祈禱來請求它展現出最高的振動，比如說：「親愛的上帝，請在我打開電子郵件時祝福我！」

與大自然的各個元素連結

進入第五次元一個最簡單的方法，就是在大自然中散步，尋找那些能讓你發現美的事物，也許是日出或日落，也許是美麗的花或樹木。不管是什麼，讓自己沉浸在大自然之美的讚嘆中，這些時刻將使你對美與欣賞有一種超然物外的體驗。當你

能夠意識到大自然的重要性時，你的心自然就會打開。

　　不論你走到哪裡，都可以強化這種效應。例如，在大自然中看到美麗的事物時，可以對自己或同伴大聲發表看法：「我愛那棵樹」、「它真的太美了」。當你沉浸在欣賞及讚嘆的感受時，可以開始看出你不只是你，而是某個偉大事物的一部分，也可以更輕易地進入第五次元。接下來你會發現大自然與你的交流。

　　大自然的精靈會聽見你的聲音。隨著你越來越趨向第五次元，就會察覺出大自然的各個組成元素正在與你溝通，並傾聽你的聲音。在偉大的黃金時代（Golden Ages），人類可以與地球所有生物交流，這會讓人類跟大自然發展出和諧的緊密關係，得以在未來對大自然提出請求。這點非常重要。人類的回饋會使大自然的精靈生氣蓬勃、茁壯成長。如果你有個戶外庭園，不妨考慮設置一個表示感謝的角落。例如，在灌木叢或植株下方，藏一小杯食物來招待元素王國的嬌客（地精、仙子或小精靈），食物應該包含整顆的生堅果、有外包裝的優質巧克力，或是無花果、棗子、杏子之類的果乾。這些精靈會找到它們，並收到你要傳送的訊息：「我很感謝諸位的服務。」

　　邀請他們來幫你，隨時隨地請求他們的幫助；每當你發現到周遭的自然之美時，要大聲感謝他們。我費了好一番功夫才學到這一點。有一天我在心中埋怨我的花園狀況不好，還提醒

精靈們應該來幫我。他們當時就糾正我說：「你從來沒有請求過我們。」我委屈地吞下了這個事實並向他們道歉後，回問道：「如果我請求你們，你們會幫我嗎？」他們回答：「如果我們幫你，你還會一直來花園嗎？」從此之後，我決定都在我的戶外花園用餐。以威斯康辛州的天氣來說，這意味著從三月到十月底我都會這麼做，少許的寒意阻止不了我。而在我現在的住處，在戶外花園用餐仍然是我會優先考慮的選擇。

〈哈索爾頌〉會提升你在這方面的感知，也有許多課程與書籍的主題是如何與大自然的元素無聲交流。如果這能擴展你對於可能性的信念，那麼我鼓勵你進一步去研究這個主題。

跟你的夢境合作

夢境訓練有助於你的轉化。不過許多人不記得做過的夢，也有人則是因為太深入意識，而真的到了深層的無夢之境。如果你做了夢，不妨試著把夢的內容記錄下來，並在後面寫下你的問題，這樣就可以看看自己是否能夠自發地獲取更多訊息。舉例來說，你可以這麼寫：「我夢到一隻蝴蝶，我意識到自己生出了蝴蝶的翅膀。這個夢是在意味著我已經轉化了嗎？」

冥想

冥想是讓身體恢復活力的另一種方法。想成為第五次元的

你，現在就必須花時間、心力及注意力來練習冥想。如果你無法自己練習，可以請益許多專家所指導的各種冥想法，參酌他人的經驗與心得，也與他人分享冥想的至高快樂。這本書就有非常多關於冥想的訊息，在第十章「進入多重次元並活化高階脈輪」有更詳細的介紹。

每個人都能做的一種冥想法是「凝日冥想法」（Facing the Sun Meditation），這種練習將為你提供大量的「生命氣息」，幫助你達到理想體重，並且對你的能量進行驚人的調整。

※ 【練習】凝日冥想法

凝日冥想或稱食日冥想（Sun Eating Meditation）。許多原住民文化會利用凝視太陽的方式來提升生命力與靈性。不過，凝視太陽會傷害眼睛，所以不要急於求成，要慢慢來。理想情況下，你會找到一位可以引導你完成整個過程的導師。

一開始，你只能注視太陽五到十秒鐘。最好是打著赤腳平穩地踏在地面上，在太陽初升或將落時凝視著它，同時心裡要充滿愛地想著自己、生命、地球及太陽；如果能滿懷著感恩，那就更好了。

每天的凝視時間可以逐日增加五到十秒鐘。如果眼睛會痛或太陽太刺眼，就退回原來的練習計畫幾天，然後再把練習拉長就

可以了。如果你是每天練習，一天增加的凝視時間不要超過十秒鐘；這樣做大概會花上九個月才能達到四十四分鐘的凝日時間。一旦達到四十四分鐘，你就完成這個練習課程了。不要用任何方式來加快訓練、不要急躁，也不要給自己壓力。緩慢而穩定的步調才是最適當的做法，放鬆、不設限、集中注意力，享受著別無他念、只想著純粹之愛的時刻。

你不需要早晚都各做一次這個練習，事實上，一天只做一次凝日冥想更好；有些導師認為，在日出時練習比日落時更有效。但還是要視個人情況，如果你只能在日落時間練習，這就是最適合你的選擇，只要選擇對你行得通的那個選項就行了。

即使你無法規畫長達一個月的凝日冥想課程，只要有機會看夕陽時，還是可以利用這個練習來幫助自己。很重要的一點是，除了晨曦與落日，其他時間都絕對不要直視太陽，否則可能會傷害眼睛。

你也可以利用本書免費提供的其他冥想法，書末的「相關資源」有網站連結。這些冥想法會邀請當下可用的宇宙能量帶你進入一個新的空間，幫助你啟動 DNA 轉變並加速你的進化。這些宇宙能量正在改變原來的你，讓你轉變成更高的振動頻率。

輕鬆的心態很重要

當我們轉移到第五次元時，必須謹記我們並不是在做「更好」的事，因為只要有這個想法，就意味著我們先前的作為不夠好。這是一個好機會，你可以練習去使用非二元對立的詞彙來描述你的新選擇與新經驗。最深刻的轉變將會發生在你的操作方式上（也就是你的思考方式），你會發現，你不需要「努力」去做；相反的，你需要的是一種好玩的、有趣的心態。當你腦海中有太多想法時，休息一下。如果你無法享受其中的樂趣，就無法停留在第五次元，畢竟這是一個充滿歡娛及喜樂的地方。先讓自己擺脫牽絆、執著、期望及評判，你就能長時間待在第五次元。

身體、心智及靈魂的復甦

有許多利用復甦之光來幫助人類的方法，其中一個就是直接聲明，也就是一再地告訴自己：

> 復甦之光、愛之光、第五次元能量之光洶湧而來，流入我全身並圍繞著我。讓這些光穿透我、穿透地球，讓所有生命都受益。

擴大治療模式

二十多年前，我跟我兒子一群人一起騎自行車，來到了一處傾斜的鐵路平交道，當時我的自行車不慎被放下的柵欄卡住，我翻滾了三次才停下來。我十歲的兒子上前查看歪七扭八癱在地上的我，問我有沒有受傷。

接著，他問我身上有沒有帶山金車（*Arnica montana*，治療擦傷與跌傷的順勢療法常用藥）。我平常出門時都會隨身帶著這種藥，偏偏那一天就忘了。他說：「那太糟糕了。」我掙扎著站起身，試著回到自行車上時，恍然間聽到了一句話：「想像你已經服用了山金車。」我照做了，觀想我服用了一劑小藥丸。結果，摔車後的我完好無恙，甚至連個瘀青都沒有！

解開老化的枷鎖

因為集體意識的制約，讓我們逃不開日漸老化的命運。因此，你可以反過來擺脫集體意識對於老化的固有信念，來逆轉老化的原因與觀念。幫自己一個忙，盡可能地收回你對身體的全面掌控。你可以授權給你的細胞，從另一個健康版本的你拉出細胞的設定程式。事實上，你還可以跟你的神聖藍圖一起合作，幫現在的你設定理想的身體年齡，保持智慧，解開老化的枷鎖。

你可以活化所有的 DNA。作家珍・阿德里安（Jean Adrienne）提出利用圖像來活化人體一百四十二條 DNA 鏈的做法，使用的是她自創的一副神諭卡（Reconnecting Soul: 142 DNA Activation Cards），可以毫不費力地提升你與你的意識。但除非你有寫日記的習慣或有其他的參考點，否則可能不會注意到自己有任何改變。

此外，除非必要，否則不要動不動就去提什麼時候發生什麼事。如果你習慣使用日期，只會讓自己被老化的集體意識帶著走。假如有人跟你說她正在變老或是越來越蒼老了，你可以對她說：「那只是你的看法，我可沒有那樣想。」輕輕鬆鬆就擺脫掉對方的影響。

任何形式的怨懟都是抗拒，抗拒那些讓你保持年輕的事物。當你行使拒絕去愛的權利時，你的小我會透過確認過去發生的事件來建立起它的領地。這就是使你老化並阻礙你邁向第五次元的原因。

所以，要如何保持年輕呢？你可以創造出一個純淨、簡單的渴望，運用你的意圖來告訴自己，這是你真正想要的。然後，開始去理解你已經擁有了你所渴望的東西了。你現在只需要跟另一個版本的你——一個更年輕、對生活沒那麼失望的你——步調一致就行。這可能需要用上你全新的水晶化 DNA

（Crystal DNA）[*]——水晶以羅欣（Crystal Elohim）CD 是其中一個工具。接著，你要採行一種能夠始終保持誠信、正直的模式及決定，讓想法與言行如一，這種堅定不變的模式能讓你創造出所渴望的一切。然後，去觀想你所渴望得到的東西。練習、再練習，堅持到底才能成功。

超越致幻物質的層次

藥物會讓你的意識到達更高的次元，但做不到身心靈協調，也無法讓你擺脫慣性的反應模式。這意味著，如果不冥想而只靠致幻藥物去改變心智狀態，你有可能探知到另一個世界，但無法真正利用你在高意識狀態下所獲得的訊息或理解。冥想是必要的，冥想可以引導層次較低的身體、心智體（mental body）、情緒體、以太體（etheric body）達到協調，以這種方式來打開訊息與經驗流通的路徑。層次較低的這四個能量體是以層層相疊的方式圍繞著你的身體，當這四個能量體能夠校準、連結、溝通時，你就能處於平衡、協調的狀態。

層次較低的這四個能量體，每一個都有它特定的目的。你可以觸碰並感受你的身體，而以太體則是以能量形式存在於身

---

* 編按：水晶化 DNA 是多維度的、結合身心靈層面的 DNA，與一般所指的生物 DNA 有所不同。

體外層，這股能量的形狀跟你的身體並無二致。一個人靈魂出竅時，可以看見自己的身體，這時的他或她其實是在自己的以太體中移動。以太體是脈輪的所在處，也是你跟高我之間的連接。接下來再往外延伸出去，位於以太體外層的是情緒體，這裡接收了你從過去到現在的所有情緒。情緒是保留著某種目的或感受的能量，必須被表達出來才能滿足這個特定的目的。心智體所含的能量來自心智及所有思考過程，也是創造力和表現力的來源。

以冥想方式讓這四個能量體保持協調，可使意識的覺醒成為永恆的狀態，而不像服用藥物那樣只有短暫的效果。冥想是一個持續的過程，你不能只做一次或偶爾才做。

共時性

「共時性」（synchronicity）是幫助你理解現實的寶貴工具。這個由心理學家卡爾・榮格（Carl Jung）首創的術語，指的是沒有因果關係的兩個事件似乎同時發生並產生了意義，而其中的關聯性完全要由你這個觀察者去體會出來。舉例來說，你看到了某個廣告牌、車牌或印刷標語，似乎讓你一直在思考的某件事有了一個呼之欲出的提示或答案，這就是共時性。當你腦海中一直縈繞的那首歌，正好符合你當下的感受，或是在聽到那首歌後隨即發生與之呼應的某件事，這也是共時性。

有個真實的例子：我認識一個女人，有一天她的腦海中一直聽到珠兒（Jewel）的單曲〈Hands〉，其中「到頭來，只有善良才重要」這句歌詞更是循環了一整個早上。那天午餐後，她就被開除了。而她選擇以平靜、溫柔及善良去面對，即使是在突然被開除的情況下。

共時性現象越來越普遍。為什麼？我相信這是因為宇宙想讓我們知道必須知道的所有一切，而我們的關注則是催化劑，促成了那些巧合的結果！

關於業力的聲明

你需要重新給自己機會去學習把事情做好的日子，已經不復存在了。如今，你可以肯定地聲明「業力」（因果報應）不存在；事實上，你越快做出聲明越好，因為那些會阻礙你前進的存在，就希望你不要弄清楚這一點。如果你是第一次聽到這個訊息，不妨把這個聲明當作是為現在的你所準備的。

於是，跟你有關的一切都會在瞬間發生改變。做出以下的聲明：「對我來說，業力到此結束。」這是形成第五次元新信念的必要一環。這意味著，如果你因為某人偷了你的東西或傷害你而感到憤怒，你必須把它視為無關緊要的小事來看待，而不是在要不要原諒對方打轉。因為，一旦有了原諒的念頭，就

代表你還是以批判的角度在看待他人。新的信念意味著，你不能再持有任何對抗他人的能量，如果你仍然緊抱著這種能量不放，業力就會落在你身上，而不是他們身上。

「業力到此結束」，一旦你做出這樣的聲明，就能看穿面紗之外的東西。相反的，如果你緊抓著對他人的評判，你就無法穿透幻象面紗去看見實相，還會被困在一個只相信物質經驗的信念體系中，從而餵養阻礙你前進的那些存在，使他們更加強大。一旦你主張業力到此結束，你就會脫離虛妄的「網場」（matrix），再沒有人可以愚弄或哄騙你。

練習水晶以羅欣冥想（Crystal Elohim Meditation）*是確保你可以成功做到這一點的方法之一，我強烈建議你運用這個能賦予你力量的能量工具，大幅擴展你的能力、意識以及第五次元的自我。以羅欣（Elohim）是支持你揚升的宇宙能量，一九九四年他們為這張 CD 特別傳送一段冥想引導給我。當時他們甚至堅持要求我放下手邊的工作，全心去推廣這個冥想法。水晶以羅欣冥想法將會帶你到包括過去及現在的各個界域，甚至回到造物之初，使你與造物的原始碼產生連結，並為你自己創造出新網場。

---

* 有關更多「水晶以羅欣冥想法」的資訊，詳見書末的「相關資源」。冥想中有些短短的間隔讓傾聽者可以重複並參與，在強化 DNA 及與水晶化 DNA 建立連結方面，這個冥想法極為強大。

有個冥想者說：「我馬上就感覺到我的身體在分子層次上以一種更高頻率開始振動，結果我變得更輕盈了，也體驗到一種不可思議的擴展。」這個冥想法可將來自更高次元的水晶網格，固定到上述四個能量體的場域之中。人類正在從碳基DNA轉變為水晶化DNA。地球上的每個生物都有網格；此外，還有二元對立的網場及使人類停留在舊模式而陷入困境的網格正在消融。沒有人能完全理解這些網格。在原始造物背後的那些網格是最純粹的形式，有許多人看過這種基督意識網格（Christconciousness grid），其目的在於幫助人類成為完美之人或基督之人。

水晶網格

水晶網格（crystal grids）正在取代地球上所有機能失調的舊網格。在過去五年裡，揚升大師、光的外星生命體以及像我這種光之工作者，創造出許許多多的新網格，以便重建人類與生俱來的權利。如今，你們之中有許多人處於第三與第四次元之間的網格，尚未真正進入第五次元及更高次元的磁場之中。這就是為什麼當你在「阻礙你前進的網格」及「幫助你前進的網格」之間轉換時，你會感到疲累及精神恍惚的原因。

新網格取代了那些歪曲、阻礙人類前進的舊模式。人類的每一種疾病及精神障礙等問題，都有投射到人類身上的相對應

網格。新網格是原始模板的一部分，也是我們在第五次元的真
正代碼和模式，使我們得以從第三次元網格的集體意識中分離
出來，這一類的意識會使我們受困在不再適用的行為之中。就
像你可能會運用許多資源去找一位好醫生或好木匠一樣，利用
水晶網格也可以讓你獲取超越你目前所知的優勢與智慧。

　　為了學習及運用網格，你可以下指令讓自己找出解決特定
問題的方法。首先，擬定一個總體計畫，想想它如何幫助你產
生一個過程與進展，並定義結果。事實上，你試圖在內在生成
的任何網格或總體計畫，已經存在於更高的次元並將為你啟
動，這就像將你的手機連結到基地台一樣。你知道連上了線，
因為你的電話打通了。你只要知道答案已經存在宇宙的創建型
模式中，然後請求連結到這樣的網格就夠了。

　　理想情況下，你會運用這些網格來活化你更高的認知、激
發你的創造力、活躍你的人際關係，以及讓現在的你獲得成長
與進化。調整你的頻率去連接這些網格，並願意貢獻出你的經
驗與擴展你的意識。冥想時，很容易就能連結到這些網格，可
按照以下步驟操作：

　　　　首先，找一個可以讓你保持平靜且能安靜至少三十分
　　鐘的地方，然後採取一個你喜歡的冥想姿勢，坐著、站著
　　或躺下來都可以。

擴展你的意識，讓它圍繞著心去填滿周圍的空間。然後，把這樣的覺知再進一步提升以充滿身體周遭的能量場。

當你探索你所有的能量體時，讓自己對每個能量體表示感謝並擴展這種意識。將注意力轉移到身體周緣。

然後，觀想下一個能量體——以太體。以太體環繞在身體外圍幾英寸處，想像這是一個美麗的、電藍色雲朵狀的氣場，沿著你身體的輪廓形成。

接著，觀想在以太體外層的情緒體，它宛如一座美麗的粉紅色能量場環繞著身體，而且比以太體更大。

最後，觀想最外層的心智體，它環繞著你的身體、以太體以及情緒體，具備彩虹的特質，雖然主要顏色是白色，但可以呈現出任何顏色。

現在，你已經準備好將自己的能量擴展至地球周圍網格的大小。想像你那個特定的問題已經存在著一個網格，準備解決問題或釐清你的看法（這是可能的，因為一個更高版本的你知道你在尋找什麼，並在你提出請求之前就已創造出來）。保持堅定的意圖，知道這個網格會找到你並連結上你。

觀想你的以太體連接上這個網格、接收訊息，並更新你自己那四個層次較低的能量體。你也可以用幾乎相同的方式成為這些網格的貢獻者：當你在接收所請求的新訊息

時，透過意圖讓你所精通之事被交換或轉送出去。

　　當你有目的性地與網格一起協作時，保持最純淨的意圖非常重要。你要意識到，你的陰暗想法與情緒失衡，都可能使你或部分網格發生錯位。使用網格時，可以請求天使來淨化你的作為，讓你始終都與上帝站在一起。純淨的心，是網格最重要的元素。

　　這些水晶模板與水晶以羅欣，將會為你創造出一個更高層次的自我表達 *。想像一下，漲潮時港灣中所有的船隻都會隨著潮汐升起，同樣的，這些新的網格也會使你更容易成為你最進化的自己，你將會藉由獲取及表達這個訊息，來幫助自己和全人類。接下來，你的振動將會放大網格上的訊息，讓周遭的人更容易接收這些更高的振動以及層次更高的自我表達。這就是人類如何在互幫互助之下進入第五次元。

　　值得注意的是，這個過程正在我們這整個星球發生，不僅人類正在進化，地球也在進化。此外，這兩種進化是相互依存的關係，這意味著你努力的成果將會呈倍數成長，因為它們影響的是全人類與整個宇宙。

---

* 當人類開始進入偉大的黃金時代，水晶以羅欣就會從七位強大的以羅欣之中誕生。

神聖幾何與麥達昶之星

了解神聖幾何（sacred geometry）將大幅提升你的能力，讓你得以轉換並調適為第五次元的你。研究數學比率、諧波以及比例的神聖幾何，在整個宇宙的音樂、光及設計中都能發現；而整個自然界中可以找到神聖比例的存在，它們會開啟並活化你內在的密碼，讓你得以取用自己的神聖智慧。

羅伯特・勞勒（Robert Lawler）首創「神聖幾何」一詞，他的著作被譽為神聖幾何的「聖經」，確認了整個自然界、人體及天體的比例與幾何。這些比例中，最值得注意的就是黃金律（golden mean）或稱黃金比例（Φ，讀作 phi）；在 DNA 的螺旋結構、骨頭、植物及天體中，都可以發現這種比例關係。數個世紀以來，藝術家一直在運用黃金比例創造出賞心悅目的構造與藝術。眾所周知且經過研究的一個事實是，人類偏好黃金律更甚於任何其他比例。

神聖幾何是不可思議的強大工具，可以幫助人類解開宇宙密碼。探討神聖幾何的著作不知凡幾，因為它代表了從自然界、藝術界到物理學中各式各樣的訊息；獲取這些訊息，可以有效地拉近你與第五次元的距離。欣賞曼陀羅藝術、學習神聖幾何或冥想，都只是這項神奇研究的若干強大用途而已。神聖幾何更是梅爾卡巴古典冥想不可或缺的一部分。

曼陀羅藝術的一個特殊例子，可以在生命之花（flower of life）的符號或麥達昶之星（Metatron's star）[*]看出。麥達昶之星，有個更廣為人知的名字——麥達昶立方體（Metatron's cube），是由十三個同樣大小的獨立圓圈（十二個圓圍著一個中心圓擺放）所組成的精密能量結構。這個結構很容易想像，你手中拿著十三枚大小相同的硬幣，然後把一枚放在中間，再用六枚環繞著中間的硬幣，接著把剩下的六枚分別緊貼著前六枚硬幣擺放，你就創造出了一個六角星。這個形狀可以產生所有的柏拉圖立方體（Platonic solid，即凸正多面體），包括四面體、立方體、八面體、十二面體及二十面體。柏拉圖立方體被認為是神聖幾何的理由，是因為人類已經對以下的科學認知有了深切的理解：所有的幾何、化學及自然界，都是建立在這五種神聖形狀的基礎上。把組成麥達昶之星的十三個球體連接起來，就能創造出任何一個神聖的形狀。

雖然麥達昶之星與「生命之花」的符號（見圖 4.2）不一樣，但它卻是這個符號的原始碼。麥達昶之星包含了生命之花符號中常常缺失的完整圓圈，這些缺失的圓形是隱而未顯的，

---

[*]　在一次傳訊時，天使長麥達昶向我描述他自己：「我是一個宇宙存在、上帝的右手，監督天使長們以及整個天使界的成長與進化。我的任務是保持所有物質形式的完整性，麥達昶立方體是以我的名字來命名的，因為它包含了萬物的精確原始碼，也是完美的光之源。」

圖 4.2　生命之花

因此生命之花意味著完整的網場，涵蓋了在全宇宙間移動的所有生命種子。看著這個符號或戴上它或觀想它，都是在肯定你與萬物一致的共識：這是原始碼，這是你的神聖模板。

　　蜜蜂藉著所構築的蜂巢網場，與神聖藍圖建立連結。牠們攜帶著這種印記，並傳遞給所接觸的每件東西（包括花粉），這讓神聖藍圖得以重新烙印於蜜蜂授粉的所有生物上。所以當你看見辛勤工作的蜜蜂時，別忘了對牠們表達你的祝福與感謝，同時可請求麥達昶與天使長米迦勒（Archangel Michael）*保護這些自然界的組成元素（蜜蜂），因為牠們攸關地球萬物的存亡。

　　生命之花或麥達昶之星可以幫你療癒。你可以戴上生命之

---

* 身為天使長的監督者，麥達昶與天使長米迦勒合作無間。米迦勒是地球上所有生命與上帝旨意保護者與捍衛者，全世界的七大宗教都認可他的存在，包括基督教、伊斯蘭教以及猶太教這三大宗教。在伊斯蘭傳統中，他被認為是提供食物與知識的自然界大天使。

花的飾品、可以把生命之花的符號放在身體患部，也可以把這個符號放在植物或餐盤下方。如果你全身都需要療癒，就把生命之花的符號放在你的全身照片上。練習畫生命之花，為它上色，不斷反覆練習。開始練習畫時，可以使用圓規來幫你，或者使用一張舊光碟來描畫，就能夠很容易地描繪並標出符號的中心位置。

第五次元的連結訊號

當你與自己的身體頻率越來越協調後，就會注意到一種與第五次元保持穩固連結的感覺，而且身體會經歷疼痛與不適，這是因為你的身體正努力去消除可能會絆住你的任何阻礙。如果你去看過醫生，卻一直找不到任何醫學上的病因，那麼極有可能，這些不適症狀就是你正在揚升的跡象。

身體認證

你與高我的第一次交流，可能就是我所說的「身體認證」（body confirmations）。你的身體會告訴你，你正在與神聖版本的你和諧共振。

幾乎每個人都會有的一個症狀，就是起雞皮疙瘩（也被形容為寒毛直豎）：出現在你皮膚上的小疙瘩通常分布在手臂或

腿部的毛囊上，但只會持續幾秒鐘。當你得到身體的確認時，起雞皮疙瘩就是一種強大且簡單的「訊號」，表明你的身體跟你所說的話（或是此刻別人所說的話）起了共鳴。

當你說出自己當下的所思所想或「領悟」到什麼時，如果你自己或身邊的人突然起了雞皮疙瘩，就是一個令人振奮的體驗。這是宇宙在告訴你，請繼續下去，代表你必定抓到了某個重點。一旦出現「起雞皮疙瘩」這個訊號，就要注意你剛才說過什麼話。暢銷書《黑暗，也是一種力量》（*The Dark Side of the Light Chasers*）的作者黛比‧福特（Debbie Ford），把雞皮疙瘩稱為「上帝的疙瘩」（God Bumps）。

每個人跟高我連上線時，出現的症狀不盡相同。我班上的一個學員在高我出現時，耳朵會癢；但因為她不喜歡這個症狀，所以就忽略過去了。接著，換她的腳開始癢了。她心想：「這個也不可能吧。」緊接著，她就全身發癢了。在此之後，她決定接受耳朵癢這個症狀，把它當成一個「確認」訊號。無獨有偶的，另一位白人女學員（坐在這位黑人學員的對面）竟然也出現了一模一樣的症狀。兩個人交換意見後，確定她們都來自同一個能量團體，並鄭重立誓要一直保持聯繫。有一個靈魂姊妹以這種方式出現，是多麼棒的協同作用啊！

其他症狀

以下簡單列出一些你可能會出現的症狀，以及應對這些症狀的建議。

夜間盜汗： 先確定不是其他身體毛病所致，除此之外，沒有你能做的。若不是身體出問題，只能盡量讓自己保持舒適。

只睡三個小時就醒來： 起床做些有生產力的活動，比如冥想、閱讀或寫作。三十到五十分鐘後，可試著再回去繼續睡。

對食物有奇怪的渴望： 跟著身體的渴望走，也許會讓你大吃一驚。相反的，你也有可能開始討厭某些食物（包括與你的振動不符的食品添加劑或產品）。

煩躁易怒： 這種情緒通常來自某個入住你身體的存在。做清理工作，驅逐出不屬於你身體的有害能量或無形靈體。

重複模式不斷出現： 這意味著，是時候做點什麼了！尋找可幫助你的學習工具，有助於消除來自前世的問題、情緒障礙及不好的外部能量 *。

感覺精神恍惚或悶悶不樂： 首先，確定自己沒事；如果感覺不舒服，務必去看醫生或去一趟急診室。你可能需要做些穩定心性的接地功課（參見第 24 頁）。又或者，你可能因為處於更高的次元而耗費心神，需要休息一下、打個盹或放鬆下來。

身體疼痛：這是你要特別關注的。去看醫生或做個檢查，或甚至去一趟急診室。平常要多注意一下自己的身體，並盡可能找出不適的原因。

如果內在指引告訴你「一切正常」，那就沒問題。然而，只要稍有不確定，就必須去做個檢查。我的委託人有過各式各樣與身體疾病無關的疼痛，都是跟「升級」有關。這意味著，當你更趨近第五次元，會自行調高全身的振動頻率。這是你必須盡一己之力去學習與高我連結的另一個理由，如此一來，你就能對所獲取的訊息加以驗證。

在使用阿卡西紀錄工作時，我開始注意到，會出現某些跡象是為了確認是否真的連結上了阿卡西紀錄。有些阿卡西紀錄的指引者，也就是那些受過訓練、可以為委託人打開阿卡西紀錄的人，會感受來自胸部心輪的壓力、某種細微的脈動或是某

---

* 心理治療師沙昆塔拉・莫迪（Shakuntala Modi）博士在她開創性的著作《不尋常的療癒》（*Remarkable Healings*）中，發現了精神疾病與身體疾病的未知根源，以及排除這些負面能量的方法。書中還詳細描述了這些不尋常的療癒故事。還有另一個發展成熟的方法，是透過家族排列來療癒情緒與家庭問題，這是由德國治療師海靈格（Bert Hellinger）所創，基礎概念是內疚及不被認可的感受會驅使個人尋求歸屬感。此外，由尼爾森（Bradley Nelson）博士發展出來的「情緒密碼與身體密碼能量療法」（Emotion Code and Body Code energy healing），則試圖解決各種身體問題及其潛在原因——可能包括前世及受困情緒。這些療法都有許多訓練有素的專家，我很熟悉這些療法，也接觸過它們強大的療癒能力，所以我推薦給大家。

種無聲之聲（類似白雜訊^{**}，不是耳鳴）。當你已訓練到能夠識別出這些跡象時，這些工具就可以被視為你已連結上阿卡西紀錄的標誌，並確定你的連結是穩定且清晰的！此外，我的身體有時也會感應到委託人的身體狀況，我並不認為自己是個共感能力很強的醫療感應者，但在解讀阿卡西紀錄時，我常常會接收到某些反映委託人身體問題的感受。

連上第五次元的視覺跡象

　　有一次，我必須透過翻譯的幫助，為一個來自其他國家的委託人打開阿卡西紀錄並幫他解讀，當時我要求在委託人參加視訊會議之前，先花點時間跟翻譯聯繫一下。我請求我的阿卡西紀錄指引者即時將副本傳給翻譯，讓她可以「理解」要如何正確翻譯隨後即將出現的資料。然而，接下來發生的事實在太驚人了！我親眼看到一束美麗的紫光，完全覆蓋住那位翻譯（當時我們正透過 Skype 視訊）。我不知道如何用 Skype 照相，所以拿起手機拍下了她的照片^{***}。

** 編按：白雜訊也稱白噪音，有非常固定的頻率和音調，可以掩蓋環境聲音，幫助入睡，例如下雨聲就是一種白噪音。
*** 我把這張彩色照片放在我的網頁上，你可以看到明顯的紫色能量光束。

照片上的能量光球

坊間有好幾本書探討照片上無端出現的能量光球（orbs，或稱靈體），網路上也經常見到有人討論，許多人也曾經拍過這樣的照片，並納悶為什麼這些光球會出現。能量光球指的就是照片中出現的白色或彩色小光球，事實上它們一直都在那裡，只是你現在的振動已經擴展到可以納入更高次元的覺察，所以才能看見它們。這也是為什麼相機可以讓我們看見大多數人肉眼看不見的畫面，這些能量始終都存在，而現在被已經進入第四次元或更高次元的人所拍攝了下來。當被拍攝對象或者拍攝者是進入第五次元的人時，能量光球就會出現。這是另一個跡象，顯示你已經擴展了本身的覺知與意識，並在更高次元的層次上振動。

處理不適症狀

隨著你逐漸移往較高的次元，可能會經歷跟身體的生理變化有關的某些健康問題，而這些變化可能會以突然發作的症狀呈現出來。如果你身上出現這些情況，切記，好好休息是最重要的。

你可能有過情緒上的創傷或正在努力療癒前世創傷，或甚至可能正在療癒地球。可以肯定的是，你並不孤單。許多經歷

這些改變的人，會出現高血壓、關節痠痛及頭痛等病症。許多像你一樣的光之工作者，或是有志於拯救地球及全人類的人，都接受了「雙重責任」，他們承擔起相關的創傷以協助地球的清理工作。如果你感覺身體不舒服，尤其正在承受疼痛，很可能會試圖請求「卸除」這些任務，你的想法可能是：「這對我來說，太強人所難了，我根本做不到。」或是「我並不想待在這裡！」這就是尋求協助的價值所在，如果你不想請求協助，轉變的過程會非常緩慢。

在這方面，你必須聽從你的內在指引，同時在能提供服務的專業人員那裡尋求幫助。現在有許多適合的新療法，而你要考慮的人選，是能幫助你療癒那些對身體造成影響的舊日創傷（可能來自前世）。如果你正在遭受痛苦又不知道怎麼回事，而醫學也幫不了你時，不妨試試上述我提到的療癒建議。

如果你的身體疼痛，不妨複誦以下這句短語：「一定要這麼痛嗎？」一遍又一遍，直到疼痛減輕。你可能難以理解你的天使及指引者為什麼不知道你有多痛，我可以告訴你，他們真的不知道。因為他們沒有實質的身體，而且他們還能夠不斷地體驗上帝的極樂，因此要他們去感受你的痛苦，真的難以想像。把「一定要這麼痛嗎？」當成真言複誦，確實可以幫助他們跟你校準頻率，讓你的症狀減輕到可以忍受的程度。

....

你可能難以理解天使及指引者為什麼不知道你有多痛，

事實是他們真的不知道！因為他們沒有實質的身體，

而且他們還能夠不斷地體驗上帝的極樂，

因此要他們去感受你的痛苦，真的難以想像。

....

你可能被稱為療癒者，或者你可能先學會特定工具來自我療癒，然後才發現你身為療癒者或直覺者的身分已被啟動了，可以為你的委託人發展出你專屬的療癒方法。如果你已經跨進這些領域中，腳步可能要開始加快了。有些人甚至會說，在沒有接受要求的情況下，他人的訊息會毫無預警地自行出現在腦海裡。

更自然明確的人生選擇

當你出現在第五次元時，你完全沒有自由意志。這意味著什麼呢？在第三次元時，你可以做出上帝的選擇或非上帝的選擇；而非上帝的選擇就相當於犯錯或犯罪。想像你是個小孩，你的看護者在一場暴雨後跟你一起走到戶外。那個小孩會做什麼？找到一個泥水坑就跳了進去。你的看護者會讓你盡情玩，

等你玩夠了，再幫你洗個澡，把你的衣服洗乾淨，然後一切如常。在第三次元中的我們正是如此，我們搞得一身髒兮兮，然後回到上帝的懷抱，又變得乾乾淨淨了。

現在，我們不再需要這個自由意志區了，因為在第五次元，你想要的只有上帝的選擇。在第五次元的你已經足夠成熟，因為上帝的選擇非常吸引你，你不再需要十誡的約束才能做出上帝的選擇，你不會生出偷竊、說謊或貪婪等念頭；你對上帝的愛無所不在，因此做出上帝的選擇會讓你無比歡喜。當你面對一個艱難的決定（以現實的社會來說，這是一個道德難題），你會直覺地拒絕做出任何非上帝的選擇。舉例來說，你認識一個非常喜歡的人，後來才發現他或她已經結婚了，這時的你絕對不會有橫插一腳的念頭（當然這是一個有意識的選擇，因為你不願成為任何已婚人士的浪漫伴侶）。已婚者不會是你的選擇，你不想踰越道德的界線。你可以用絕對的真誠、善意及耐心去溝通，並以溫和的方式表達出來；這樣的經驗會對你產生深遠的影響。

在第五次元，情況更像是這樣：想一個你很欽佩的人，比如達賴喇嘛。然後有一天我打電話告訴你，達賴喇嘛需要一個住宿的地方，但他不想住旅館，所以我查了查資料，發現你家的位置最合適。你會說什麼？當然是：「好啊！」因為你不想錯過這個親近達賴喇嘛的機會。對你來說，這是千載難逢的好

機會。接下來我可能會問你，有沒有什麼事是你必須事先知道的，而你可能會問：他喜歡的食物是什麼、有沒有人跟他同行、他何時抵達、會待上幾天等等。所有這些問題，其前提是你在第一個問題就給出了肯定的答案，你的腦海中不存在「拒絕」的可能性。你與上帝的連結是如此緊密，以至於你只會想做出上帝的選擇，也只可能會做出愛的表達。

　　每個人都即將邁入第五次元。現在已經有足夠多的人進入了轉換的過渡時期，所以我們不可能再走回頭路了。而且，我們還有來自揚升大師、整個天使界、淨光兄弟會（Great White Brotherhood）*以及上帝的全力支持。是的，上帝的臨在直接進入了這個現實中，這個令人敬畏的存在，讓你更容易去做真正的自己。上帝的愛與牧養將帶給你安全感，並讓你成就一個最好的自己。

---

* 布拉瓦茨基（H. P. Blavatsky）、尼可拉斯·羅維奇（Nicholas Roerich）及海倫娜·羅維奇（Helena Roerich）在各自的著作《揭開愛希斯的面紗》（*Isis Unveiled*）與《階層體系》（*Hierarchy*）中，都將「淨光兄弟會」描述為一群永生者，這群揚升大師從他們的位置一直在看守著這個世界。這個群體也被稱為光明兄弟會（Great Brotherhood of Light）或地球的靈性階層（Spiritual Hierarchy of Earth）。

第 5 章
辨識情緒能量與次元狀態

　　你的情緒讓你成為獨一無二的人類。在這個星球上，情緒是人生經歷的重要組成部分。情緒充滿了帶著特定目的的能量（氣）；雖然心智能力可能會讓你覺得高人一等，但事實上，善用情緒比心智更能幫你達到目標。情緒是你得以感受周遭世界的關鍵，會為你「解讀」周遭的環境，而且比心智更快速、也更準確。你的情緒體也會讀取你身邊人的情緒體，發出訊號來告訴你，你是有危險的或被愛的，是被珍惜的或是被懼怕的。想想這幾句話：「我的胃直往下沉」或「我的心雀躍不已」，它們正是讓你躊躇不前或大步向前的關鍵。你可以看出你的情緒多麼精確、有用，能夠幫助你理解周遭的現實世界。

　　與普遍認知相反的是，次元其實是相互套疊的 *。從次元之中的任何位置，你都可以觀察到更低的次元；而不論你在哪一個層次得到的訊息，都有振動更低的訊息。這也是為什麼你

---

* 我傳遞的訊息都來自阿卡西紀錄、指引者及我的高我。

未必會注意到自己是在第四次元，因為第三次元與第四次元非常接近，也都同樣真實，你可以同時體驗到這兩個次元。較低的次元不是比較小，而是振動頻率較低，可以想成較高或較低的音高。那麼，哪一個音高更好呢？我倒是希望有明確的答案，但顯然沒有。因為它們都很重要，每一個都有其特定目的。

因此，當你越來越頻繁地進入第五次元的狀態時，不用再攜帶著情緒電荷，就能看出並了解第三次元與第四次元的二元性，可以不再帶著評判去觀察。當你掌握了體驗情緒的技巧後，接下來就可以抽離出來，把自己當成旁觀者去觀察自己的情緒。身為觀察者，你可以選擇帶著慈悲心去感受這些二元對立的經驗，這將會讓你立即進入第五次元。當你整合第三次元與第五次元的自我後，你將擁有獨特而強大的情緒掌控能力。

這意味著，一旦有人傷害你，你會先感到痛苦；接著，你會注意到對方的行為，以及你對這個行為的感受。你可能會有或沒有反應，但這所有一切都是在不帶任何評判下完成的。當你親近的人做了讓你震驚又受傷的事時，你甚至會覺得「心臟受了一記重擊」而感到非常痛苦，因為你的期望——可能是正直、真誠或公平——落空了。對親密者的期望，是正常關係的一部分；但你要學會了解自己的期望，如此一來，一旦有人讓你大失所望時，你就能迅速走出失望與痛苦，理解你在這齣戲中所扮演的角色。對靈性的揚升來說，當你的心受到沉重打擊

時，就是在為你即將升空的火箭添加燃料，這是你得以進入第
五次元的一大關鍵。

當第五次元版本的你與真正的你融合在一起，你的情緒就
像以往一樣重要。事實上，它們的重要性更甚以往！差別只在
於，你不需要去調整或過度使用它們；相反的，你可以把情緒
看成是一種載體，好用來擴展你對自我意識的表達、體驗與感
受。在你願意的情況下，情緒會讓你跟你的心充分連結。你的
情緒可以放大高昂或低落的狀態，並提供你最有可能的機會，
讓第五次元版本與第三次元版本的你合而為一。

情緒的誤用與控制

你的情緒只會做出一次反應，但你的心智卻能一遍遍重演
那種情緒，藉著重播同樣的情景讓你不斷受苦，激發同樣的情
緒來導致你一次次去感受痛苦與折磨，就像不斷挑開一個快癒
合的傷口一樣。所以，為什麼不利用快樂的情緒去創造魔法
呢？如果你不再重播那些不堪的經驗呢？如果你的記憶只能產
生資訊，而不是重現情緒呢？

「那些阻礙你前進的存在」都知道，人類的情緒是創造實
相的強大工具，這是一個已知的事實。憤恨、生氣、失望及恐
懼等情緒，都可以操縱你；而當你保持著慈悲心時，就無法被

操縱，也無法被你尚未理解的方式拿來當成燃料。

. . . .

你的情緒只會做出一次反應，

但你的心智卻能一遍遍重演那種情緒，

藉著重播同樣的情景讓你不斷受苦，

激發同樣的情緒來導致你一次次去感受痛苦與折磨。

如果你不再重播那些不堪的經驗呢？

如果你的記憶只能產生資訊，而不是重現情緒呢？

你會少受些苦嗎？

. . . .

另一方面，想要用心智去控制情緒，這樣的做法已經不再適用了。相反的，你要讓情緒表達出來，認可它，不要壓抑。你不再需要尋求他人的認可，而是尊重自己所受過的苦難，繼續前行。接下來，讓痛苦充滿你的心，再用對自己及別人無條件的愛去淹沒它。你要做的，不是將心智排除在外，而是整合情緒與智識，並完整地將它們一起納入你的心。這正是鳶尾花形紋章（fleur-de-lis）所象徵的愛、智慧及力量的三重火焰。鳶尾花是法國國花，而鳶尾花形紋章也順理成章地被視為法國的象徵，同時也是梅羅文加王朝（Merovingians）的象徵，這

個法蘭克王朝是抹大拉的馬利亞（Mary Magdalene）的後裔。

你要知道的是，快樂是最好的彈藥，可用來應對所有你不樂見的事情。在第三次元的狀態下，「別生氣，你要以牙還牙」可能是你會有的反應；現在，覺醒於第五次元的你，可以這樣說：「別生氣，要快樂。」發自內心的快樂會賦予你力量。切勿把不諳世故當成你無法快樂的藉口，不管遇到什麼困難都要快樂，如此一來，你將能吸引更多的快樂。面紗會變薄，而你會變得強大。好好利用這一點吧！

阻礙你前進的情緒

哪些情緒會阻礙你往前邁進？看看以下的清單：

怨恨：攜帶著責怪的能量。

恐懼：不協調的能量。

抱怨：自我評價的能量。

自以為是：悲痛氣憤的能量，聲稱「事情本來就是這樣」。

否認：分離的能量（與一體性相反）。

評判的作用

很多人沒有意識到，他們幾乎每個想法都帶著評判。對於

某種情況、某個行為或結果的評判，會影響你的想法，並導致你對這些情況產生僵化的成見。你的心智會馬上反應：「我想，我會這麼做……」因此，每當你的內心開始出現這些對話時，都要有所覺察；每當有人問你應該怎麼做時，都要鼓勵他們去做合乎自己心意的事，你可以這樣說：「有什麼事會讓你感到高興？」

如果你感覺到自己開始形成某種評判，並生出「我的期望沒有達到滿足」這樣的想法時，只要這個跡象一冒出來，你可以自我解嘲或一笑置之來加以化解，然後放下你的期望，擺脫你對評判的渴望。

愧疚感的作用

愧疚感的一個絕佳用處，就是引導你在下一次做出不同的選擇。那些想阻礙你前進的存在，會利用愧疚感讓你深信自己不夠好或不夠聰明。愧疚感會對你有什麼影響呢？它會把許多人禁錮在一套信念體系中，證明別人才是對的，而自己的行為或選擇是錯的。一旦進入第五次元，就沒有必要感到內疚，因為當你發現還有另一種做事方法時，你就會做出不一樣的選擇。能量能夠在瞬間轉移並改變，不需要你去判斷先前的行為是好或壞！事實上，在這個次元中，你不用去在意上次的選擇是什麼，或者結果是好或壞。

愧疚感是另一種形式的評判。更糟糕的是，因為除了你沒有其他的觀察者，所以愧疚感會在你的想法裡伺機危害你。愧疚感的全部目的只有一個：激勵你去改變；而沒有解決的愧疚感會變成自我評判。一般來說，我們並不喜歡活在自我評判之下，所以我們會將愧疚感往外投射到他人身上。

當你有愧疚感時，這些感受其實是建立在舊有的信念之上：你會覺得「我應該這樣做」或「別人應該這樣表現」，不是如此時，愧疚感就產生了。當你把這些信念投射在他人身上時，自我評判的情緒會讓你成為別人愧疚感的替罪羔羊。這是建立在傷口上的錯誤信念，而這個傷口原本是可以癒合的。通常來說，始作俑者在你身上留下這個傷口，並成為用來印證你所受痛苦的證據，而你會在這個證據上再添加柴火。為什麼你必須繼續證明你所受到的痛苦呢？是因為你不珍視自己嗎？好好留意你對自己或他人的指責，並看看你把傷口留在哪裡。有時候，一直要到有人真的揭開你的傷口時，你才會注意到你把能量留在那裡了。這時候，你就可以做些改變。

責備與抱怨的作用

責備與抱怨是自我接納及認可的一種形式。它們接納了你的痛苦並強化你的受害者身分，然後尋求認可來維持現狀。責備與抱怨會讓你停滯不前，而不是對你的痛苦採取行動來解決。

　　自我接納及認可都是個人的責任，不要讓他人來擔負起這樣的責任。講述自己的故事無妨，但不要語帶責備。「他對不起我」的各種版本一再地印證了你的不幸經驗，可能會讓他人同情你所受過的傷害並補償你的損失，但代價是什麼？它會讓你在原地踏步，而不是幫助你進化。這就是為什麼你真的只需要責備或抱怨一次就夠了。

　　人性往往引導我們一遍遍去講述我們被「錯誤對待」的故事，不斷陷進受害者的角色，讓我們被困在第三次元的二元化意識中。實境秀就是打這種盤算，來賺收視率。一再重複你的故事，對自己一點好處都沒有；相反的，你必須下定決心，一樣的故事最多只能講三次，就是這樣。然後注意後續的發展，只要你設定三次的重述限制，你雖然可能會落回第三次元，但不會一直停留在那裡。

　　為什麼你要讓一個你甚至不想在他身上花時間的人，在你的腦袋裡給他一個「免費的空間」呢？憤怒或怨恨一個人會把你的能量給對方，這是你最不樂見的，何況還會為你招來更多同樣的人或境遇。

　　把怒氣變成指責發洩出來，是偷懶的做法，因為這只會讓你一直待在第三次元的二元對立狀態中，永遠都走不出來。一旦讓你陷入受害者的心態，就可以達到這個目的。當你開始看出這一點並真正學會寬恕，就會開始遺忘；接著，你就沒有任

何理由去指責了。我們稍後會討論「遺忘」這個主題，你將會驚訝地發現每個人都在遺忘。

　　高我版本的你（你的第五次元版本）不會評判另一方，因為等你到了這個層次後就不再需要了。在第五次元的你，不會記得過去的傷痛，因為你不需要得到認可；當自我彰顯出神性時，它已經知曉自己被無條件地愛著。你不再需要對過去的傷痛耿耿於懷，因為情緒創傷的記憶遠遠不如無條件的愛那樣令人愉悅，這種愛來自你與上帝永恆的聯繫，並讓你進入最重要的現在，也就是你的新常態。

　　當你療癒了那個部分的自己——那個吹毛求疵、把批評往外投射到他人身上的你——你就不再是一個可以由你自己或他人隨意操縱的按鈕；相反的，你會發現他人的行為很有趣或很好笑，因為你會被他們的行為逗樂，而不是感到惱怒。這就是擺脫這個連動關係的方法。

　　為什麼第五次元的能量不需要你去評判呢？因為它沒有必要去認可你的失落或痛苦；相反的，它是以接受來回應失去，領悟得與失不過是有限經驗的兩面。第五次元的你（高我）意識到生命是所有體驗之舞，並欣然讓快樂去主導一切。在第五次元，你的存在會一直得到確認，因為這是你跟上帝的連結，透過這種緊密的意識連結，你會感到充實又滿足，以至於一開始，光是這樣的體驗就會讓你心滿意足，但很快的，你就會生

出創造的渴望。或許你現在對這一切還半信半疑，但一旦你體驗過這種連結，就能辨識出來並承認它。

痛苦的作用

痛苦是為了把你困在某個情勢或環境中，去評判你的憤怒、憎恨或傷痛是否有正當理由。這些都不是真實的，也對你一無作用。不管是哪種情況，你要不是轉化自己的痛苦，就是在轉化這個世界的痛苦。不管怎樣，下定決心放下，然後放手去愛吧。這是一個選擇，而明智的選擇可以幫助你穩定第五次元的能量。妒忌會助長痛苦，因為你想要別人擁有的東西。例如，當我發現一位好朋友行為不端時，就開始大聲嚷嚷「她以為她有什麼資格這麼做」，話一說完，我發現自己不由自主地脫口而出：「我到底有什麼資格這麼說呢？」馬上我就得到了答案，並且據此做出了回應。

恐懼的作用

恐懼也會出現在這個過渡地帶，因為它的所在領域是第四次元。恐懼是信使，是你的情緒體創造出來的一種感受，好讓你開始改變你的信念或行為。

恐懼的幾個特質

- 恐懼是用來操縱你的。

- 恐懼會讓你陷入更多恐懼之中。

- 恐懼是那些希望你失敗的人所添加的燃料。

- 恐懼是信使，也是攜帶特定目的的能量，企圖保證你的安全。

- 你的情緒體會創造恐懼。

- 不管是你的行為或信念需要改變時，恐懼都會提醒你。

- 恐懼是作為示警系統被創造出來的，它要告訴你「某件事不對勁」，提醒你多注意。

- 我們之中那些無所畏懼的人，是偽裝成人類的揚升者，他們的目的是幫助你喚醒你的神性。如果你無所畏懼，或許就是其中一位揚升大師的化身。

恐懼讓你知道所有次元的系統尚未校準。當你與所有版本的自我對準頻率後，就能夠如你所願地一起展開創造。如果你不能做到品德無缺，對現在的你不會造成問題，但會阻礙你揚升的進展。例如，你正在蓋房子，你不可能為了好玩，就在晚

上朝窗戶扔石頭。在品性上選擇做個沒有缺失的人，可以推動你在靈性上的進步。

驅散恐懼最快的方法之一，就是直接面對它，跟它對話，問它：「我可以感覺到你，你要傳達什麼訊息？」一旦你知道了這些訊息，就能改變你的信念或作為。

· ·

如果你一直為恐懼所苦，

花點時間去了解你的恐懼，

你會驚訝於它們通常是「有目的」的能量，

試圖幫你達成目標及渴望。

當恐懼出現時，問問它所要傳遞的訊息，

然後改變你的信念或作為。

· ·

這是邁向第五次元的重要一步。當你打開心智，你會變得更有創造力；當你打開心，你會充滿了慈悲。一旦心與心智能夠同步，就會為你打開通往第五次元的大門，而無所畏懼正是心與腦協調一致的體現，一旦信念、想法以及作為一致，品性自然不會有缺失；而當你知曉（不是相信，而是知曉）你要為你的現實負責時，你也會無所畏懼。

✳ 【練習】與名為「恐懼」的信使對談

考慮用一個簡單的冥想來解決你的恐懼問題，把恐懼當成信使，與它們面對面談談。

1. 現在，閉上眼睛，想想你曾經恐懼或害怕的事，認可恐懼的存在。
2. 接著問它：「你的訊息是什麼？」
3. 打開心去接受它，訊息就會如潮水般湧來。像潮水一樣？沒錯。
   最後，恐懼的情緒將會實現它真正的目的：作為信使，它要告訴你，你的心智與言行不一致。

當你有能力去冥想你的恐懼並得知它要傳達的訊息，你就能選擇去改變信念或作為。

恐懼與無所畏懼

那些「阻礙你前進的存在」之所以會成功，部分原因是你覺得它們有能力掌控你的恐懼；但其實它們沒有，它們只是來攪局的，務必要習慣性地告訴它們：「你們不屬於這裡。」我的建議是，只要發生的事讓你感到恐懼（即便只有一點點），都要把這句話大聲說出來：「你們在這裡沒有任何力量，你們

不屬於這裡。現在就離開。」請堅決、堅定地說出這段話，表示你是認真的！當看不見的力量讓你心神不寧時，更要如此。

你是有選擇的，你可以不必忍受不喜歡的生活，可以不必忍受恐懼。你必須決定這是你的人生，拿回你的掌控權。

喚醒媽咪條款（Mommy Clause）

一位委託人告訴我這個故事：有靈體侵占了她兒子的身體，使他染上了重度毒癮，後來更因明顯的精神分裂症被送進醫院。那天稍早，一位通靈的朋友告訴她，這個靈體在她兒子體內，而她的兒子「跟靈體簽了契約」。從她兒子身上散發出來的能量，既強大又挑釁。於是，她讓她先生從急診室先回家，等到護士也離開了，她直視著兒子的眼睛說道：「每一份合約都有解約條款，現在你遇上了媽咪條款，馬上給我滾出去。」她大聲怒吼著。後來，醫生（不知道她做了什麼）告訴她，她兒子的病情大幅好轉了。

有些人天生就無所畏懼且始終如一，不管是什麼情況，他們看到的都是「我們」而不是「我」。這些無所畏懼的人，與生俱來就跟所有生命休戚與共，也知道危險時應該怎麼做。他

們不會賣弄或炫耀，並且熱愛人類，將自己視為整體的一部分。

　　這種「整體的一部分」不是建立在信念上，而是根植於意識。因此，這些無所畏懼的人有時難以理解其他人——為何他們看不見這個包羅萬象、揭露意識與表達真實本質的現實版本呢？舉個例子，對於父母的教養來說，有時要了解孩子的想法會是相當大的挑戰；因為純真的孩子不了解，為什麼這些玩具不是屬於所有的孩子。

　　這些無所畏懼的人，正是此時此刻化身於人世的揚升大師。請注意，正在閱讀本書的你也已經無所畏懼了；這意味著，你必須對人類與地球負起更大的責任，因為你來到這裡不是為了學習課題或是實現個人目標，而是為了協助這個星球的轉變。你將如何做到這一點？對初學者來說，你只要人到了，並重視自己的感受，就會知道應該怎麼做。

發生於亞特蘭大一個無所畏懼的真實例子

　　一九九〇年代，在人手一支手機之前，我來到亞特蘭大，用機場電話打給研討會的主辦人。她問我能否自己搭地鐵去她家附近的那個車站，因為她被一場會議耽擱了，無法及時趕來機場接我。我同意了。她說：「你坐上車時記得打

電話給我。」當時我沒有手機,但我想可以從月台打電話給她。早些年我住在紐約時,地鐵的月台上有付費電話。

　　一走上地鐵月台,我選擇了可以到達目的地的列車,但因為月台上沒有付費電話,我就沒有打電話給主辦人。兩個女人上了車,後面一個高大的男人也上了車。後來,車行一陣子靠站,那兩個女人下車後,就只剩下我跟那個高大的男人在車廂內。我沒有多想,接著那個男人從座位站起身,走過來站在我前面,要求我給他一些錢。

　　「不,我不會給你。」我回答。

　　他堅持:「只要給我一點就好。」

　　「不。」我說,然後我想起來我應該要打電話給主辦人,如果他有手機的話,我可以借他的手機並付他電話費。

　　「你有手機嗎?」我問他。

　　「沒有。」他生氣地回答。

　　「那麼,我一毛錢都不會給你。」

　　「給我一些就好。」他一再要求。「不。」我說。

　　我指指我的行李箱和耳朵。「我無意對你無禮,只是我剛下飛機,聽不清楚你說什麼。你要求我的事,跟你幾分鐘前說的,有什麼不同嗎?」我有點不高興地說。

　　「給我一些錢就好。」

　　這時列車抵達了下一站,他走向車廂出口。我看著他說:「你這個不依不饒的勁兒,可以試試當個業務員。」我並不怕他,事實上,我還真的不在意。這就是第五次元。即

使他是個惡霸，我也不害怕，因為我的情緒體可以覺察得出
來他不會傷害我。我沒想過其他可能性，也不需要去想；只
有從第三次元的角度去看，我才會看見可能的風險。我沒有
幫他找任何藉口，也沒對他說：「我沒有錢。」在第五次元
你不需要撒謊，即使是很小的謊言也沒有必要。

識別情緒與轉化情緒

　　我們賦予氣（能量）某種情緒或目的，這種能力是所有受
造物中獨一無二的；其目的可以是熱情、堅定，也可以是表達
喜悅、痛苦、幸福或悲傷。在第五次元，你同樣有這些帶有目
的性的情緒，但不同之處在於，你不必要再糾結任何痛苦的情
緒，你只需要去察覺這些情緒的存在，而不再需要為失敗、痛
苦或失去而受苦；相反的，你只是察覺到它們，如果它們讓你
不悅，你可以決定放下。當你學會觀察並放下痛苦的情緒，才
會真正走進喜樂，並停留在那樣的狀態越來越久。喜樂來自於
你完全不抗拒，也來自於你只為當下停留（而不是離開當下）
的心智。

　　就像檢視顏色一樣，你也可以檢視你的經驗。某個顏色比
另一個顏色更好嗎？我們不這麼認為。你會偏好某些顏色嗎？

你當然會有偏愛的顏色。但是，你的偏好會讓這些顏色比其他顏色更好嗎？不會！偏好某個事物就僅僅是偏好而已。

轉變情緒

選擇愛自己，清除老舊過時的信念，練習以下的真言：

親愛的神，請讓我知道祢有多愛我。

明白每件事都是一個選擇，聲明你所做的選擇。

以認可來取代黑暗、憤怒及挫敗：**我請求我自己以及我所接觸到的每個人都能擁有人間天堂一天。**

即便不喜歡，也要下定決心讓一切都很好。

下定決心讓一切都很好！不找藉口。

你可以像這樣說出你的看法：「這是我個人的經驗」。

彈性是第五次元的一個特質

表 5.1 分別從第三次元及第五次元的角度來描述典型的情緒。一旦你察覺到自己的情緒時，看看你能否主動地選擇第五次元的感受來回應。

表 5.1　第三次元與第五次元的典型情緒

第三次元	第五次元
耐心	慈悲的平等心
擔心	悲憫
評判	禮貌地觀察
憤怒	意志堅定且穩定
失望	輕易連接到其他選擇與可能性
恐懼	針對性低、勇氣
無助	賦予力量
憎恨及挫折	接受——通常是為了清除集體意識
自暴自棄	富足、滿足、充實
失落	獲取力量（放下自我設限的信念，可能包括釋出集體意識對於生命的那些信念）
感覺被困住	自由
絕望	喜悅與保持童心
思念	擴大自己的愛去愛整個地球
羞愧	自我價值與自我接納（為自己、家人、族群及地球的業力懺悔，進行療癒）
渴望	所有渴望都是因為「與神失去連結」，辨識自己到地球來的意義是什麼，並參與意識轉變。這也意味著與造物主建立起新連結。
感覺被壓垮	新的可能性——擺脫控制生命的思想模式
感覺被侵犯	表達你的初衷，並理解每一個經驗都可以讓人生旅程受益。

我們留下了什麼？

　　第三次元是其他次元的投影！我第一次從我的指引者那裡聽到這個說法時，記得當時心裡想：「真的嗎？」而他們繼續說道：「也是其他地方的投影。」想想投影機與屏幕。第三次元就是那個屏幕，但屏幕不是投射的源頭。如果我們只看屏幕

上發生的一切，可能會得出錯誤的結論，誤以為螢幕就是現實世界的源頭。但它不是。幾千年來，我們一直都把注意力放在第三次元；而從我們目前的位置來看，它就只是一個存在的平面，而不是像太陽一樣，是宇宙的中心。

如果你覺得困惑，好消息是，困惑就是你暫時的「新常態」。在這種狀態下，你們之中有許多人已經脫離了第三次元，但尚未完全被吸引到更高次元之中，這就是為什麼你可能會一直感覺到很疲倦，這也說明了你可能會經歷極端的情緒狀態。你會發現，你正在創造的情境，將可以幫你揪出內在所有的不愛及不善良。必然有人會因為你的例子而受益，並尋求你的建議。盡你所能，讓這些情況發生在你身上。

不論你有多進化，還是會有一些小事讓你心煩意亂；若是如此，讓這些小事快點過去吧。要知道，進入第五次元的這個禮物會為你創造即時的好處，但它需要你擁有一個潔淨的能量場；這不是因為你必須清理你的場域才有資格進入第五次元，而是因為任何壞想法都可能跟好想法一樣迅速顯現成真。因此，你要養成習慣，只去看所有情境的快樂版本。

在第五次元，你會將生命視為一個創意圈，一個你可以從中選擇想要什麼的環境。同時你也意識到，你所做的選擇會把你帶進第五次元。這是好事。一開始，你還是擺脫不了你不想要的那些事物，並被它們所驅動，例如二元對立的那些陳述會

把你再彈回第三次元。但是沒關係，你只要確定自己會超越那些「不想要的」，然後進入了你真正渴望的。

　　有時候，你可能不知道你的「不想要」是指什麼，或者不知道要如何超越它們。因此你所要做的，就是為你的「不想要」寫份清單，然後再一一找到「解藥」（做法是先列出清單，再以肯定語來重寫這份清單）；至於「如何做」，就交給宇宙吧。

清理你的情緒體

　　情緒是一種運行中的能量，而氣或能量都有記憶。然而，能量會被困在時間之網中。你的情緒體代表了你的過去，它儲存了過去事件的情緒，並記住創傷以及與過去創傷的連結。它會說：「這以前發生過。」然後，識別過程就開始了，這也讓我們有機會去探索過往經驗。問題在於，對某些人來說，情緒體就像是一本會毒害人的「船長日誌」，很容易就讓過去的類似經驗取代了現在的事件。

　　情緒必須被感知才能清理，這也是為什麼沒有被表達出來的情緒會如此危險。在清理完情緒創傷之後，我們的揚升過程才不會一再受挫。在我的《揚升咒語》CD 中，收錄了「聖哉」（Kadosh）卡巴拉吟唱以及在第十章介紹的梅爾卡巴冥

想，都十分適合用來清理情緒，幫助你療癒情緒體。

《薄伽梵歌》（*Bhagavad Gita*）的主角克里希那（Lord Krishna）*，曾經允諾要幫世人擺脫情緒創傷，療癒痛苦的童年或其他經驗。吟唱祈禱文與讚歌是敬奉他的一個簡單方式，根據馬克先知（Mark L. Prophet）與伊麗莎白先知（Elizabeth Clare Prophet）合著的《大師與他們的靜修處》（*The Masters and Their Retreats*）一書所述，克里希那要求你透過虔誠吟唱來傾注你對他的愛時，要想像他就站在這一世或其他前世的傷口或創傷上；他會接受你的愛並使其倍增，再回傳給你以改變過去的場景或紀錄[1]。

如果你是光之工作者

如果你已經擅長為自己轉化能量或擔任療癒者的工作，你可能會被賦予額外的負擔，因為你可以讓這些負擔通過你迅速被移除。身為光之工作者，你或許已發展出一些特殊的能力，但你可能沒有意識到自己還有更多力量與天賦去為人類服務。別氣餒，相反的，你要像舉重選手一樣輕鬆地幫別人舉起沉重

---

* 克里希那（黑天神）被稱為神聖存在及真神化身，也在西元前五世紀至前二世紀寫成的史詩《摩訶婆羅多》（*Mahabharata*）中占有重要地位。《薄伽梵歌》是許多瑜伽指導師被要求閱讀的書，可在 Transformational Enterprises, Inc. 發行的音樂 CD 中找到。

的包袱。你必須像別人看待你一樣地看待自己，也就是，你是一個知道如何幫助他人的人。你正在幫助地球與人類進行療癒，這是你展現有能力轉化能量的珍貴機會。

如果這樣的描述符合你的狀況，而且你覺得自己的負擔很沉重，有可能你是把許多人的重擔都扛在自己的肩上了。我希望你之所以願意這樣做，不是因為這是最輕便省力的做法，而是帶著歡喜的心去做。現在就做出這個決定。如果看似找不到任何緣由讓你去負起這樣的重擔，你可以這樣想：「我擔起了他人的重擔，只因為我可以。」這不是「你多了一個負擔」，而是「你多了一個選擇機會」。

如果你覺得負擔真的太沉重，你應該向你的天使與指引者尋求幫助，這就是自由意志區運作的方式：你請求幫助，就會得到幫助。想像一下，你明明有數以百萬計的幫手，他們很可能都在納悶你為什麼不尋求他們的幫助。他們就徘徊在你身邊，知道你正在做重要的工作，而他們的任務就是在你提出請求時來幫助你。所以，常常向他們提出請求吧！

允許自己接受這套新的信念系統，讓它流經你，全身心相信它。它將會讓你變得更包容更開放，不僅擴展你的心、讓你更精進、提升你的次元能量，還可放大你為地球所貢獻的能量。這樣的你，將會成為一位全心全意、主動積極的引路人。

在你們之中，有不少人到地球時就已擁有豐沛的光，以至

於只需要「待」在這裡，不需要去「做」任何事，就能發揮影響力。如果你很難想像這一點，不妨讀讀印度教上師拉瑪那．馬哈希（Ramana Maharshi）的傳記。你可能會為某個難熬的想法過不去，但永遠不必親自去經歷；或許你會得到他人、家人、遺贈或信託基金的支持，每個跟你有關的人都會在某種程度上理解並同意你的作為。這真是太好了。你不必再因為得到這些支持而感覺愧疚不安。在阿卡西紀錄中，許多追尋者都會問這個問題：「我到這裡來是為了做些什麼？」而他們得到的答案都是：「你來了，就是你所做的最好的事了。」

* * *

> 在你們之中，有不少人到地球時就已擁有豐沛的光，
>
> 以至於只需要「待」在這裡，
>
> 不需要去「做」任何事，就能發揮影響力。

* * *

面對你的新「天賦」

　　許多人都能察覺到他人的情緒。一開始，這可能會讓你難以置信，並納悶自己為什麼會有那麼多不同的感受。最可能的原因是，你正在轉化世界的情緒，或是因為你在意及關心對方，所以能感知到他們的情緒。不過，你們雙方都沒有意識到

這件事，不知道對方正在將自己的情緒傳送給你。

　　有個年輕的工程師打電話給我，詢問他奇特的情緒感受。剛跟女友分手的他有一天在洗衣服時，突然察覺到前幾天晚上所體驗到的情緒不是自己的；在此之前，他一直都在為那些莫名的情緒困惑不已。當他意識到，他竟然會不由自主且毫無預期地感受到他人的情緒時，感到非常震驚。

　　在他深入探索自己的感受時，發現原來他所體驗到的這些情緒是前女友的，這個事實讓他嚇呆了。接著他也開始注意到，原來是他自己升起了「天線」去接收這些情緒的。等他明白了這事是有可能發生且能被解釋後，他就做出了不一樣的選擇。你也可以這麼做。

　　在另一個案例中，一位女士正在處理某些沉重的問題，而這些問題顯然跟不稱職的另一半有關。令人訝異的是，她選擇的是寬恕自己。當她對著「神聖符號」（Symbala）*冥想時，這個符號突然在她眼前發生了改變，而且房間中的情緒狀態也從陰鬱的灰色變成美麗的五彩顏色。她打電話給我問道：「你是不是覺得我瘋了？」我大笑著說：「不，僅僅是你能自我寬恕就足以讓你進入第五次元了！」多麼美好的想法啊！

---

* 由藝術家拉琳達・艾琳（Lahrinda Eileen）所創作的一種神聖幾何圖形。

特殊情況——為世界服務

　　我很肯定大多數人都無意傷害自己，但儘管如此，仍然有些人會發現自己充滿了黑暗的想法、疲憊不堪，或是不時感覺到悲傷。相信我，你不是唯一一個有這種感覺的人，同時也請相信，這樣的你正在為地球的轉變付出努力。

　　你們之中有許多人都是被召喚來的，透過你們的情緒能量來為這個世界服務。成千上萬的光存在者都有這些艱難的心念，他們沒想到，自己竟然也必須面對疲憊、失敗或失落這些念頭。然而，當你肩負重擔並且能在一次次跌倒後又重新站起來，你會發現自己的力量越來越強大。你並不孤單，你必須召請你的天使、指引者、龍（參見第十一章）以及揚升大師來協助你。你只需要這麼說：「親愛的上帝、大師、導師，還有所有的光存在者，我需要幫助，現在就需要！」你可以像是念咒語般地一遍遍複誦，直到狀況好轉。當一位光承載者能夠超越並克服他或她所抱持的黑暗想法時，就會有非常多黑暗存在被釋放出來，於是也清理了無數被誤用的能量，從而還給未來世代一個乾淨的能量場，鋪就出一條揚升大道！

第6章
第五次元的語言力量

　　新思想自助書的暢銷作家露易絲・賀（Louise Hay）*意識
到一個真相：想法創造實相，也喚醒了全世界。這是一個深遠
的轉變，讓我們開始理解想法如何生成現實。露易絲教會我們
去理解，人們的想法會導致疾病，但也可以透過改變想法來療
癒疾病。她教導「正向肯定」（positive affirmation），在心智
超越物質的意識領域裡始終是全世界的先驅。我認為她是正向
肯定運動的引領級人物，她第一次出書還是四十多年前呢！

　　現在，我們已經準備好進入下一個階段。當我開始系統性
地闡述這本書的觀念時，也開始意識到「第五次元語言」的存
在。於是，我注意到自己說話時會自然而然地選擇字眼使用，
徹底避開二元對立的用語。另一個明顯的改變是，聽到別人說

---

* 露易絲・賀被澳洲媒體封為「最接近聖人的人」，也是眾所周知的自助運動（self-
help movement）創始人之一。她的第一本書《創造生命奇蹟》（*Heal Your Body*）於
一九七六年出版，比身心關聯議題成為時代潮流還要早得多。該書在一九八八年進行
修訂並成為暢銷書，向三十三個國家的人們介紹露易絲的概念，更被翻譯成二十五種
不同語言。

話時使用帶有二元對立的字眼，我馬上就會感到尷尬不適。

　　第四次元的語言與情緒面有關，可以為我們的溝通加上更多能量。有時，這種情緒會趨向兩極化，例如當你把焦點放在「發生什麼糟糕的事」，或是回憶起曾經遭受的傷害與創傷。想發現自己的習慣，你所要做的，就是注意你平常是如何談起自己的經歷，以及這樣的說話方式會如何影響你的現狀。一旦發現自己的「原始編碼」，你就可以改變它。就像程式設計師會花許多時間在程式裡查找錯誤一樣，你也可以找出自己表意識或潛意識行為的「錯誤」，然後對症下藥；而這本書對你會有幫助。當然，也有專門的治療師協助人們清除被困住的情緒，這些情緒會讓人生病，或一直停留在不健康的狀態下 *。

語言是強大又重要的一把鑰匙，

可以在每個面向上讓你更得心應手。

你的語言要包容大度，不帶有任何個人好惡及偏見。

這樣的你，說的就是第五次元的語言了。

---

* 頃近我發現了布萊利・尼爾森（Bradley Nelson）博士的研究成果，我強烈推薦經他認證合格的治療師。他們可以幫你進行療癒，有需要時可透過網站 www.ClearingEnergy. org 聯繫他們。

為什麼要學第五次元的語言？

　　你可能沒有意識到語言會對你的人生產生多大的影響。不管是自說自話，或是與他人說話，你通常說的是怎樣的故事？你會強化什麼模式？許多人都不知道自己反覆說出口的話，會賦予所思所想的故事多大的力量。這就是為什麼學會有意識地在說話時慎選用語，對你創造及停留在第五次元如此重要。

　　說得更清楚些，無論你關注的是什麼，都會強化你心中的渴望，並創造出更多的渴望。語言是強大又重要的一把鑰匙，可以在每個面向上讓你更得心應手。你的語言要開放、要包容大度，不帶有任何個人好惡及偏見。這樣的你，就能輕鬆又從容不迫地說出第五次元的語言了。

一些具體的提示

　　首先，注意你偏愛使用的動詞及時態。接下來，我希望你停止使用「怪異的」（weird）、「但願」（hopefully）或「最好笑的事」（funniest thing）一類帶有暗示性的字眼，因為這些字眼代表結果會是反常的，是出乎你意料的。

　　「奇怪」（strange）一詞也是負面的用語，讓人感覺或聽起來是消極的或具破壞性的。你可以在說話時避免使用這一類的常用字眼，並以不帶強烈情緒的用語來取代。例如以下的措

辭，就做到了這一點：

- 令人高興的是，我們正在向前邁進。
- 這真是太有趣了。
- 我們愉悅地走進了……
- 我很感激我正在經歷……
- 我欣然地……
- 我很高興能……

學會幫助你的心智轉變成非二元對立的表達，

讓你更容易進入第五次元。

選擇改變你的說話方式，是重要且必要的一步。

避免使用會把你困在第三次元的語言

「我不得不……」這樣的說話習慣，或許是使你被困在第三次元的大地雷。你永遠都不用強迫自己一定要做某件事，你永遠都有選擇。或許你不喜歡這樣或那樣的結果，或許你承受了來自文化或家庭的壓力必須去做某些事，但你永遠都可自主選擇。下定決心從你的言談與想法中排除這一類的消極措辭，

將會幫助你維持在第五次元的狀態。

當你使用「不得不」這樣的措辭時，就會讓任何想控制你的人獲得力量。請下定決心，從此沒有必要再說「我不得不……」或「我必須」，這將讓你得到自由。你不「必」在下午四點去接女兒，而是你選擇這麼做。一旦你掌控了你的世界，做了自己的主人，就在自己周遭創造了一道無法被控制或被束縛的邊界。這意味著，除非你「讓」他人傷害你，否則沒有人可以傷害你。那麼，你是如何讓別人傷害你的？答案是：你創造出一段關係，接著生出了某些期望，然後你的期望落空了。

發生這種情況時，你該怎麼辦？答案其實很簡單。首先你一定會感到受傷，接著你要坦率去面對，承認你真的受到傷害了。藉由察覺自己的期望（造成傷害的那些期望）和失望（來自不符期望的情緒感受）來認可自己，這兩種情緒都是你的。接下來，你可以選擇繼續去愛對方，或者結束你們的關係。無論你決定怎麼做，選擇權都在你手上。你是個決定者，永遠都是你說了算。

另一個同樣會削弱力量的習慣用語是：「我寧願死（或吃屎）也不願打掃廁所。」這句話的意思是，你寧可做一件可怕或糟透了的事（像是死掉或吃某種令人作嘔的東西），也不願去做某件事。其實你可以直接說「我寧可不要」就好，不用畫蛇添足地加上那些「生動」的比喻。

　　避免使用這類措辭，可以讓你更愛自己或更包容別人。你不能否認自己有情緒，相反的，你可以承認它們的正當性，並表達出來（但不要超過三次），然後選擇新的字眼來代替情緒性用語。二元性的選擇（對或錯、是或非）不是壞事，但也就只是選擇而已。我們選擇成為第五次元，不是因為二元對立是糟糕或錯誤的，而是因為我們已經完成了所有二元對立的體驗，不需要再做兩極化的表達了。

　　　　使用第五次元的語言，將會打開你的世界，

　　　　改變你對於「什麼是可能的」的認知。

更多富有力量的用語

　　活體組織中的 DNA 已被證明對語言有反應，特別是跟特定頻率連結時 [1]。限制性語言對 DNA 所造成的影響，就跟語言的鼓舞力量一樣強大。仔細聽聽人們的遣辭用句，還有你內心在自我對話（你腦袋裡那些窸窸窣窣的聲音）時說些什麼，就可知道人們多常使用限制性的語言來決定自己可以做什麼、不可以做什麼（參見表 6.1）。

表 6.1　限制性的語言 vs. 有力量的語言

限制性的語言	有力量的語言
我做不到	我不想做（沒錯，你有權選擇做或不做）
我應該	我選擇
它太難了	我選擇讓它變得有趣又簡單
這不是我的錯	我認為我有責任；我該如何去解決這個問題？
挑戰	機會
為什麼是我？	上帝無所不能，但我知道我所遇到的， 都是我能處理的
這是個問題	這是個機會
這太痛苦了	我會學著跟它共處
人生是一場鬥爭	人生是一場冒險
要是……該有多好	下一次，我會做出不一樣的選擇
我該怎麼辦？	先行動再說

「你這樣說，我好受傷」，請告別玻璃心

　　沒有人可以侮辱你，除非你照單全收。有時候，說這種話的人是你愛的人或你尊敬的人。你希望他們是完美的，但他們不是。有時候，這個人是你的親友或認識的人。如果你的家人始終想什麼就說什麼，不懂拐彎抹角而傷害了你，你可以換個角度想，能夠讓他們說出真正想說的話，那不是很好嗎？你或許希望他們是完美的，但接納永遠都是你最理想的回應。如果這個家人是你的伴侶，你應該坦白說出你的想法；但無論如何，你都要愛他們。

一旦掌控了你的世界，做了自己的主人，

就在自己周遭創造了一道無法被控制或被束縛的邊界。

一字一句地做出改變

使用表 6.2 來找出你「典型」的說話方式，也就是你最常使用哪些字句。如果你常用的語句都在左欄，不妨花時間找新語句來取代它們，或者試試右欄的建議。這樣做，可以幫助你的心智變成非二元對立的表達，讓你更容易進入第五次元。改變說話方式是你的選擇，也是重要且必要的一個步驟，意味著你是有意識地選擇那些遠離批判及二元對立的想法（其實，即使像是「我下次會選擇正確的事」這樣的表達方式，也隱含著二元性）。

要注意的是，當你決定以「我選擇」或「我寧可」來取代「我不能」、「我不會」或「我應該」時，這會讓你自己和你的傾聽者認可你擁有真正的力量，相當於你正式宣布「我明白了、我可以選擇，或我擁有選擇權」一樣。這就是第五次元正式的表達方式。

這是看待「不再有業力」的另一種方式：我們正在走出黑

表 6.2　學習第五次元的語言

放棄第三次元的這些用語	這些用語可以讓你留在第五次元
我不得不；我必須（被迫的）	我選擇；我寧可；我高興這樣做
我不會；我不能；我應該	我選擇；我發現；我喜歡
被背叛	我經歷過失去，現在是重新理解的好機會
對的；正確的	只要你高興，我永遠支持你有權利相信自己所相信的（暗示：我主張我也有這樣的權利）
對與錯	這只是一個選擇
錯	我現在不會再因為這樣而不高興
喜歡；不喜歡；討厭	視當下情況來決定喜歡與否，即使這是一個可能符合或不符合我心意的新想法
事實是（誰的事實？）	我同意或認可的事
好	太酷了；棒呆了；太神奇了；好極了
糟糕的時機	時機尚未到來；神聖的考驗時刻
糟糕的經驗（任何事）	有趣的經驗
更好的	迷人的；有趣的；吸引人的
為什麼？這是誰做的？這是怎麼發生的？這是什麼時候發生的？	我很好奇，我想知道……？（開放式問句）這是怎麼了？（開放式問句）
我不知道	試著去了解是有用的；我選擇去了解；去發現，我相信自己可以更深入了解
奇怪	好奇；迷人；有趣；複雜；奇妙
事情就是這樣	我要自己去發現
怪異的	有趣的；不尋常的；神奇的
我不了解	我選擇去了解，並查明真相
最好／好	生動的；吸引人的；值得注意的
教訓	機會
困難的挑戰	成長的契機

暗與光明的輪迴，步入一個不再需要黑暗才能得見光明的存在。戲劇性的塵世舞台已經結束了，你可以在清白無垢的石板上自由創作你所選擇的風景。

詛咒或罵人的話

我最近遇到一位非常神經的女人，她喜歡飆罵髒話，還堅稱是在行使自己的自由意志，並且說她使用的字眼跟別人並沒有不一樣。她覺得咒罵或說髒話不過只是一些字眼而已，沒有比其他話有更多的意思。從邏輯來看，她的這個論點確實讓問題的另一個面向浮出表面。許多人會使用強烈、帶有詛咒意味的字眼來罵人，以強調他們要表達的訊息與情緒，但使用這些字眼卻會加強他們不斷循環的本質。

例如，當你誦念玫瑰經時，你會與成千上萬同樣在誦念玫瑰經的人產生連結；這種連結會讓你們一起產生巨大的能量。同理，使用那些傳統上帶著嚴厲、強烈意義的字眼，也會吸引共鳴的能量上身。因此，我們必須留心自己的選擇，明白說出的垃圾話只會吸引更多的垃圾話。

你問對問題了嗎？

養成檢視問題的習慣！把你內心深處的問題寫在日記裡，你可以學到很多東西。養成習慣去覺察你的問題：你問這個問題是為了評估情況，還是區分情況是好或壞？你是只用你的心智（心智體）來問這個問題嗎？一旦你是用好或壞來解讀問題，你就是踩進了二元對立的誤區，這種心態會讓你在第三次元停滯不前。

第五次元沒有好壞之分，把人事物及想法貼上好或壞的標籤，只會限制住他（它）們，就像是把他（它）們放進盒子裡，讓你可以任意去界定與分類。你可以不加評判地抽離出來嗎？想想某個中性的事物，比如彩虹，你能說某一個顏色比另一個顏色更好嗎？不能。有些顏色比其他顏色更好搭配，而有些顏色在所有顏色、所有環境中都不會顯得突兀。這是一個幫你理解的好起點。

選擇，是理解第五次元的關鍵，也是讓你知道「你不再是個受害者」的現實版本的確存在。一旦你決定不再「不得不」地去做某件事時，這個版本的現實就會出現。理解了這一點，將會引導你不再用二元對立的模式去提出問題。例如，與其問：「為什麼會發生？」「是誰做的？」「何時發生的？」你只需這樣問：「怎麼回事？」因為所有關於「誰？何時？何

地？為什麼？」的問題，只會讓你陷在二元對立的狀態之下。這些問題所蒐集到的訊息只是在區隔及限縮你的答案，然後用你的小我去解讀你的答案。只有開放性的問題，比如「什麼事？」或「我想知道……」，才能讓你獲得所有訊息。神奇的是，當你開始注意自己提問問題的方式與模式後，可能會發現更多訊息正等著進入你的意識。

當你用「心」而不是只用「心智」去做決定時，你既尊重了你的理智，也尊重了你的情緒，這讓你得以驗證你的觀察，並做出明智的選擇。當你以二元對立的模式去做出好或壞的選擇時，等於是在強迫自己繼續待在第三次元。在第五次元，你觀察到的是有用或無用的訊息，而不是好或壞的訊息。

此外，你也要注意你描述事件的方式。你說的是：「我們正在糾正錯誤」，或是「我們正在改變做事的方法」？前者，你只是在凸顯錯誤，反而將能量都集中在這個錯誤上；而後者，你採取的是積極主動的態度，向宇宙提出了你如水晶般通透、清晰的意圖。

還有，不要再說「我想做某件事想得要死」這種話了。很多人動不動就用這句話來表達自己殷切的渴望，但現在，開始「生龍活虎」地去做你渴望的事吧。改變你說話的習慣及模式，或至少把最上面那句話改掉，把「死」拿掉，只要說「我渴望去做某件事」，這樣說不就很好嗎？

與高我的溝通及連結

當你為了尋求答案而決定問：「發生什麼事？」時，你會看到你的第五次元版本有多麼容易就現身。你的天使與指引者希望你能多多運用高我，但他們無法為你做這件事。信不信由你，他們並不是無所不知的。這也是為什麼你的高我（即第五次元的你）在這個過程會如此重要。

學會使用靈性工具後，它們將能幫助你了解所有你必須知道的事，然後你就能一直維持在第五次元的狀態。其中最重要的工具就是你的心，你的心可以輕易、從容、優雅地接通你的高我。

占卜工具

一般來說，像靈擺或肌肉測試之類的占卜工具都是有用的，因為它們可以幫助你超越小我。但是，靈擺也有可能出錯。坦白說，它不像你的高我那麼有用。一旦你領悟了接通高我的技巧，就能分辨出自己是以第三次元或第五次元的方式來回應或採取行動。每天都要問問你的高我，不要中斷；千萬不要假設你知道事情的答案，因為一旦這樣做，就是給你的小我重新掌控的機會。

所以，永遠都要跟你的高我保持連結、持續溝通，這是謙

卑的表現，時時刻刻都在反映出你是新的、獨一無二的你。因此，不要問你的高我明天應該做些什麼或怎麼做，明天的事要等到明天再來決定。

理性與高我為何不能兼得？

要理解這個過程如何運作，不妨想想以下這個真實故事。當我先生在某次活動認識我並開始追求我時，他提出一起去夏威夷旅遊的邀請，這是我一直想要的夢幻之旅。我原本打算就在那幾天從日本回美國，時間上正好可以安排這趟夏威夷之行。問題是，當時我們只是通了幾個星期的電話，彼此都不是很了解，甚至還沒有真的出去約會過。不過，他的旅遊計畫是在三個月後。我不認為我應該答應，雖然提議真的很吸引我。我對他說：「我跟你還沒有熟到可以接受這樣的邀請。」但在我跟高我「確認過」之後，得到的答案卻是：「去吧。」我當然是嚇了一跳。

在這個例子中，我先是傾聽了理性的聲音，然後在決定之前，我回去跟我的高我再次確認。如果我沒有先提出反對意見，我可能會質疑高我的準確性，或者我也可能以為，自己是被我先生的熱情沖昏頭了。

當你學會運用自己的高我時，就會變得像是一個樂於接受所有可能性的孩子，即便是那些可能性看似瘋癲或輕狂。這也

意味著，你是經歷過邏輯思考的過程後才做出了選擇。如此一來，你的心智就會感到滿意，因為在決定之前你已經盡職地調查過了。

　　既然你必然會遵循高我的指示去行事，為何還要經過這種推理過程呢？你根本不用去傾聽理性的聲音，不是嗎？然而，這麼做會帶給你極大的好處。當你花時間去檢視各種可能性或是進行研究及調查時，你可能會發現到一些原本一無所知的訊息。你的研究擴展了小我所掌握的資訊，幫助身為人類的你去掌握自己的力量。即使你選擇的行動是基於高我的指引，而不是理性的推論，但經過理性的邏輯推演，卻代表即便在第五次元的狀態下，你的所有選擇還是出於自己的意志。

當你學會運用自己的高我時，
就會變得像是一個樂於接受所有可能性的孩子，
即便是那些可能性看似瘋癲或輕狂。
這也意味著，你是經歷過邏輯思考的過程後才做出了選擇。
如此一來，你的心智就會感到滿意，
因為在決定之前你已經盡職地調查過了。

　　傾聽你的理性之後，現在準備要做出決定了，因為所有合適的選擇都擺在你的眼前了。同時，你也滿足了心智的要求。因為你是在最後的重要關頭才詢問你的高我，所以也同時滿足了你的小我、你的心智以及你的心。小我心智（ego-mind）已經一路帶著你在人生道路及靈性道路上走了這麼遠，現在要忽視它幾乎不可能。然而，當你先透過小我心智去探索各種可能性後，再去詢問高我的意見，就不會在內心天人交戰。小我的聲音會被聽見，那就像是一個堅持打破砂鍋問到底的孩子；而一旦你決定詢問高我，討論就宣告結束了。你永遠不需要事後諸葛，也不用再自我懷疑，你永遠都可以選擇並遵循高我提供給你的答案。

當小我與高我融合為一……

　　把小我與高我結合起來，得以發展出一種內在的意志，那就是上帝的意志。這種工作以前從來沒人做過，而你被託付了這個使命。你準備好了嗎？如果你願意花時間去完成這個目標，那麼就沒有任何人、任何導師或任何朋友可以再欺騙你或蒙蔽你！你可以根據當下有效的訊息，去決定你的行動。你或許注意到，我在這裡沒有說「事實」二字，因為不存在任何的「事實」；事實始終都是視情況而定的，而且有其時效性。你可能得知某段時間、某個情況的事實，這當然很有價值；但是

在第五次元，沒有任何「官方認證」的事實，這是因為說到「事實」二字就意味著有真有假，而第五次元不存在著二元性。

　　你甚至可以進行一次「雙盲」實驗。讓你的朋友把一個答案標記為「A」，另一個答案標記為「B」。當你詢問你的高我時，你甚至不知道答案是什麼。「選擇 A 會對我最好嗎？」「選擇 B 會對我最好嗎？」切記，在連結你的高我時，每次都要這麼問：「高我，選擇……會對我最好嗎？」因為這樣問，才不會讓其他能量有可乘之機來誤導你，你只想要高我來回答你的問題。

第 7 章
時間與空間的擴展體驗

　　車子開得太快失去了控制，就在偏離道路要撞車之前，我哥哥滿身冷汗地醒來。他當時並不知道，在他夢見車禍的當下，我妹妹凱西在現實中就死於一場類似的車禍。我來自一個大家庭，在六個孩子中排行老三；我弟弟跟凱西是雙胞胎，他也做了類似的夢，同樣也是在最後突然驚醒。你無法想像，當他們知道這個夢境其實重現了凱西發生車禍的情景時，那是什麼感覺。

　　類似的經驗也曾經發生在我身上。有一天早晨，我打電話給我母親，打算告訴她一個爆炸性的消息：我二十五年的婚姻即將結束。但我話還沒說出口，她就先開口了。我母親說，她昨天夢到了我父親外遇的前一個晚上。於是，我輕聲地告訴她：「媽，你可以把那件事的主角換成我。」然後她就懂了。我這一生跟我母親分享過許多經驗，我們母女的感情一直都很好。

　　時間不是你所想像的那樣，它其實是一種概念。你可以像對待任何想法一樣地去對待時間，因為時間只是所有人取得共

識的一種觀點而已。在每一秒中，現實會迅速擴張與收縮數百萬次，很多的變化都發生在幾毫秒之間，而你看到的只是其中的一小部分，因為它就像是一把折疊起來的紙扇。時間是個網場，就像你把紙折成之字形的扇子後，你只能看見邊緣的摺痕一樣，所能體驗到的是非常細微的一小部分創作過程。時間是流動的，會以多種方式套疊、盤旋及纏繞，過去、現在和未來同時發生並互相影響。

時間與事件、地點息息相關。時間之所以不可見，是因為你已經被制約成只能看見第三次元的投影。因此，你的「開啟」就只能設定成你所能看得見的事物，而你的「關閉」就是高我所在的位置。每次的擴張與收縮，都足以改變下一刻的實相。邀請自己去擴展你的經歷，我的意思就是改變你對於「可能性」的信念。轉變你的感知，讓它能夠擴展到你的實相盡頭。雖然你還無法了解，但你現在的所作所為確實可以改變你的過去與未來，而未來事件也會改變你的現在。

第三次元的集體共識是把時間當成一個排列事件順序的架構，也讓心智得以進行組織與排序。在第三次元，我們通常以為時間是不可改變的，這種嚴格性對於獲取某些技能及理解是有用的。但在第五次元，時間是你可以運作的許多架構之一，這意味著，你可以調整時間，甚至回到過去進行療癒，並改變那些「事後諸葛」的錯誤決定。這完全跟你試著釐清過去的行

為是發生在第三次元或第五次元完全不一樣，因為釐清是一種
出自小我的行為，是為了讓心智進行標記及區分。

　　當你知道先前的選擇並不理想時，決定採取補救行動是謙
卑的行為。現在，你已經準備好要改變實相了，讓它變成發諸
於心的一種選擇，因為你現在變得更透澈了。試著想想看，過
去、現在及未來都在轉變並同時發生，你現在的作為可以改變
過去與未來，好好想一想這樣的可能性！

時間的真相和運用

　　有意識地讓自已脫離時間網場（time matrix）非常重要，
因為時間是集體意識（mass consciousness）制約你的方式之
一。如果你沒有被時間束縛，就不會被拉進集體意識中隨波逐
流；只有當你同意跟著時間走，才會隨著別人的鼓點前進。

　　然而，堅守著時間網場有時候卻很管用，比如在家庭的假
期安排上，每個家庭成員都同意在一個特定的時間聚在一起，
參與一場盛大的活動。另一方面，學校、工廠以及其他類似的
環境之所以存在，全都是為了鼓勵你成為時間的奴隸，並建立
一種集體意識的心態，強烈到讓你無法維持個人化。許多人也
因此受到制約，彷彿不參與這樣的時空連續體就會跟不上大家
的腳步一樣。

時間擴展，讓我們趕上了車子

　　我第一次真正經歷時間擴展，可以回溯到一九九五年。雖然我已經試過時間與空間的冥想，也知道自己可以改變時間，但從來沒有真正親自檢驗。當時，我正開車載我兒子趕搭一班前往歐海爾（O'Hare）機場的巴士，他的大學新生訓練就安排在他高中畢業的第二天，而我兒子告訴我，他不打算錯過當天晚上的畢業派對。我的回應是：「好吧，這是你的選擇。」

　　結果第二天早上，我們兩個都睡過頭了。我醒來時，正好是前往機場的巴士在離我家三十英里那個停靠點的發車時間。我衝去兒子房間叫醒他，幾分鐘後，我們就坐進了我的廂型車裡。我要求兒子幫忙撐住我的頻率，讓我可以全心去做接下來的事，他說：「媽，你已經帶著我走到這裡了，我現在把我的能量完全交給你。」

　　我祈求周遭的時空塌縮，並請求我們不僅可以不會錯過而且還有充裕的時間趕上那輛接駁巴士。我們大概開了三十英里的距離，當我們的車子駛離高速公路出口時，正好是機場巴士離開停靠站進入高速公路、前往下一站的時候。

　　這是決定性的一刻。我們應該一路從威斯康辛州的麥迪遜開往芝加哥嗎？還是應該跟著巴士開到下一站？雖然我並不打算開上一百三十五英里的路去機場，但我仍然回應了我的內在

指引，在前一天幫車子加滿了油。但是，我不想花一整個早上
開車往返芝加哥，於是我問我的內在指引，我們能否趕上那輛
巴士。

　　我接收到的訊息是，我們可以趕上巴士。然而此刻，即使
只落後那輛巴士幾分鐘的路程，我們仍無法在高速公路上看見
它。我再次進行「確認」，詢問：「下一個巴士站在哪裡？」
我收到的答案是：「簡斯維爾（Janesville）。」太棒了！就算
我願意，我也無法列出麥迪遜與芝加哥之間的所有城市，但這
不重要了，因為我的高我已經提供了答案。

　　跟我旅行過的人都知道，我的方向感很差。當我們快要到
達簡斯維爾時，我的心往下一沉──因為簡斯維爾竟有三個高
速公路的出口！我沒有料到這一點。我再次向內在指引確認，
問道：「哪一個出口才是對的？」我的高我告訴我：「第一
個。」於是我對兒子大聲說：「我們要走第一個出口下高速公
路。」當我們轉入那條又長又迂迴的匝道時，我又加上一句：
「如果這個出口沒錯，你應該可以在匝道上看到那輛巴士。」
我兒子驚呼：「你說對了，我看見了！」巴士就在我們的視線
範圍內，它向左轉，然後又向右轉，下了高速公路後，沿著一
條彎彎曲曲的路行駛了大約一英里，然後來到一個公車站──
不是一般常見的下高速公路之後的那種停靠站。那天，我兒子
終於上了那輛巴士去機場，並轉機前往華盛頓特區。我沒有把

任何能量浪費在焦慮、擔憂、恐懼或憤怒上，而是把所有能量都放在達成目標上。

❋ 【練習】你也可以延展時間

下一次，當你很擔心遲到時，不妨試著這麼做。

1. 當你發現把注意力放在負面的可能性，或放在某些你不想要的事情上時，首先要改變想法，把注意力放在「我可以準時抵達」的念頭上。
2. 發揮你的想像力，不要盯著時間看。相反的，要想像你看到時間正在被壓縮、擴展、彎曲成你想要的結果。
3. 接下來，當你抵達目的地後，要想像你到達的時間剛剛好。之後，也不要去查看真正的時間。相反的，你只要知道自己創造了一次神聖的時間安排就好。

為什麼你會被時間綁死？

我一開始就被告知，集體意識經常做的五件事會把我們困在第三次元的時間連續體中。前四件事包括早晨的咖啡、看晨間新聞或報紙、天氣，以及在同一時間出門去上班，而第五件

事則包括大型運動賽事以及像美國總統辯論等重要的電視轉播。你或許還可以想到每個人都在「做」的其他事情。

　　但你沒有意識到的是，當你參與了這些日常例行事務時，你等於同意了讓這些公式下載到你身上。這意味著，你無意識地訂購了集體意識的程式。例如，許多城市都會發行週報，而且都會放一份在你家門口——雖然你沒有要求他們送來。於是你必須選擇退訂，才不會再收到這份報紙。然而，除非你打給出版者退訂，否則他們的假設都會是：你想收到這份報紙。

小心電視裡的靈體

　　建議你把電視搬走，或至少不要放在臥室裡（包括你的臥室和孩子們的臥室）。我早期的一位靈性導師曾經看到一個靈體爬出電視，然後朝著她撲過來。我還知道在一些例子中，人們的能量會無緣無故地被「拉入電視中」。因此，我們應該謹慎地使用電視，不該理所當然地視其為生活必需品。

擺脫集體意識的三種方法

　　你可以做三件事讓自己擺脫人類的集體意識，避免在缺乏洞察力的情況下陷入從眾的盲目心態。這三件事都是你應該做

的，這樣你的能量才不會在無意中或漫不經心地被拉入集體意識之中。

首先，如果你習慣在早上喝咖啡，建議不要一大早就把喝咖啡當成第一件事來做；可以的話，最好戒除喝咖啡的習慣。如果一定要喝，可以改成偶爾在下午喝一杯，或選擇在上午稍晚時再喝。同時，盡量不要說「我早上沒喝一杯咖啡就渾身不舒服」這一類的話。

接下來，改掉你在固定時間看、聽及讀新聞或天氣預報、看電視、看報紙或上網的習慣，不要大家做什麼你就做什麼！

最後，不要再看大眾媒體所播報的活動或時事，不論是運動賽事或特殊事件。當你跟著群眾意識被綁在電視前看足球賽時，會錯過許多正在發生的事。

每一次當我們參與集體意識的文化時，就等於允許自己成為阻礙我們前進的一分子。現在，你是否應該要注意你涉入「集體意識」的程度了？意思就是，每件事都有相對應的能量水準，當你將注意力放在某件事情上時，等於是在能量層次上同意把你的情緒能量（無論程度是溫和或強烈）投注到集體意識之中。

當你做的是「預期中」的事時，就會錯過很多事情。只有超越「預期」，你才能走出另一條截然不同的發展之路。藉由脫離傳統的「集體意識」行為，你可以開始以更敏銳的感知獨

立思考。這是巨大的改變，它允許你去改變時間軸、改變實相，以及改變在平行時空所發生的一切。

群體心理的正面力量

有許多正面的群體意識可以作為共同行動的基準，比如為水祈禱的團體。那些致力於為地球與人類帶來療癒而結合在一起的團體改變了現實，尤其是「祈禱日」及其他促進集體意識來幫助人類與地球的活動，更是如此。

一九九八年，一項關於全球意識的計畫由全球七十多個研究人員一起推展；在研究人類集體反應的過程中，他們已經意識到在一個特定時間記錄到強烈反應是非常有可能的。他們的網站提到了其部分任務：

　　　　全球人類精神意識偵測計畫（Global Consciousness Project, GCP）是由來自多個機構與國家的研究人員一起合作的一項國際性嘗試，旨在探討相互連結的意識是否可以透過客觀的測量而獲得科學驗證[1]。

群體心理還可以運用在其他方面。在超級盃賽事期間，許多人步調一致地緊盯著活動、比賽及廣告，你認為這會帶來哪一種聚焦？是內部聚焦？還是外部聚焦？

網格工作者是指那些透過儀式，以集體或個人形式來轉變並調整地球及周遭網格的人，我知道他們也確實會利用群體意識來改變或轉換時間。例如一個眾所周知的事實是，在黛安娜王妃因為意外離世時，有一股巨大、高漲的同情能量在關注她及她的死亡，以至於這些悲傷的支持者確實創造出一個新的能量網場，並被稱為人道主義能量網（humanitarian matrix）。人道主義的這股能量，至今仍在地球上運行不輟。

所有生命及能量模式都有自己的網場，這些網場是每個生物的能量藍圖。有些網場是用來維繫實相的，但它們困不住你，意思就是你可以脫離想要擺脫的網場。

但這必須是在靈性精進後才可能發生，在目前這個層次上無法提供任何指導。這個實相是第六次元（你做夢時進去的地方）的投射，被集體意識綁住的人必須與所受的制約脫鉤，不再處於被奴役狀態。

時間被當成用在人們身上的控制手段，迫使人們服從於現狀，滿足公司對時間與合作時機的要求，但這已經不再適用於任何人了。「我必須去工作」的這種意識，驅動著這樣的時間表。有一種微妙的內在意識可以引導你走出時間網場，隨你自由地延展、壓縮及形塑時間以符合自己的需求，而不是用來限制你。

祈求和平的集體能量

　　深受歡迎的和平吟遊詩人詹姆斯・崔曼（James Twyman）有一次親自前往敘利亞，為敘利亞人民舉行了一場守夜祈禱，與此同時，世界各地的人們也一起加入了他的行列。以下是他談及二〇一六年二月的這次活動。

彩虹

　　當我們驅車前往鳥瞰地點時，有人在車上說：「快看天空。」我們向窗外望去，看到一道燦爛的彩虹完全圍繞著太陽。這似乎是一個預兆，預示著即將發生的事。不到一個小時，就會有數以百萬計的人透過本身的能量加入我們，不帶任何評判地將他們的光投向敘利亞的局勢。這道及時出現的彩虹，意味著我們並不孤單。

交戰

　　就在我們到達的前幾個小時，一場激戰正在我們腳下展開。安全圍欄外的山腳下，炸彈爆炸、槍炮交火；看來我們要面對的狀況比預期的要糟糕，但接下來，不可思議的事情發生了。當我們心連心一起祈禱時，這場交戰就像停止了一樣，而且在整場冥想中一直都保持這種狀態。

狼群

　　一百多個來自各種靈性道路的人安靜地坐著冥想，全球有很多像你一樣的人也同時以實際行動聲援。這場靜坐持續

了十五分鐘，當我看著時鐘打算開口說靜坐結束時，話還沒說出口，我們下方就有一頭狼開始嚎叫，叫聲迴盪在空中，然後數十頭狼一起加入嚎叫，此起彼伏持續了一分鐘之久才停止。這是我們遇到的神奇事件之一，非常不可思議[2]。

擺脫時間的掌控

意識正在重塑，為了能不帶偏見地取得成果，它必須超越時間。舉例來說，當我十幾歲大時，我會特意等我母親外出時才進廚房做菜，這樣她就不會站在我後面，一面監看一面指點我應該怎麼做，而我真正想要的，卻是自己看食譜學做料理。重塑的過程不像結果那麼重要，這只是我們能在一眨眼之間就完全消除業力或改變一連串事件的方式之一。

重塑牽涉到「超越事件發生的時間」，你在這裡摺疊了時間，為自己創造出一種新的時間系統。接下來，你要把注意力放在這種新時間系統的當下，意識到各種困境只不過是一個個模糊的記憶，它們無法主宰你。重塑讓你得以檢視過去，把你不再適用的那些部分隔絕出來，這樣它們就無法拖住你前進的腳步。此外，重塑也會成為你擺脫困境的方式，不再讓這些困境左右後來發生的所有一切。

　　這種重塑也能讓你擺脫沉重的情緒負擔，事實上，它們都是你不想再牽扯不清的感受。這一類的情緒就像你不在房間裡，卻還一直消耗電力，開著房間裡的燈。對現在的你來說，或許還難以理解「擺脫時間的掌控」這個概念，但至少你可以藉此脫離集體意識對時間的認知。

不受時間擺布的訓練

　　從你的意圖開始。接下來，以折疊紙扇為例，來擴展你既有的信念去理解何謂「折疊時間」。一旦你接受了這些心智概念，就可以開始訓練自己不再受時間擺布。遵循以下建議來強化你使用這個能力的決心，其中涵蓋了折疊時間與超越時間的能力，不再只局限於時間本身，而是與所有明智的選擇有關──早走、晚到，以及改變你的時間表。不要再跟著集體意識上演這齣戲碼了。

　　要走出時間的掌控必須多加練習，你要視為愉快且好玩的事來做。訓練頻率不需要太高，但要純熟到能夠在你迫切需要時派上用場。盡可能多加練習這些技巧，轉變成一種不再依賴線性時間的新存在模式。確定這就是你想要學習的技巧，然後下定決心不再戴手錶，也不再頻繁地查看手機上的時間。你的承諾，可以讓你脫離集體意識對於時間的不成文協議。

　　如果你從事的是自由業，你對「時間」的控制權就遠高於

朝九晚五的上班族。這樣的你可以考慮使用能量而不是時鐘，來調整你的起床時間、午餐時間……。如果你能夠想什麼時候工作就什麼時候工作，就不要再使用鬧鐘。不論你是否是自由業，都不要再計算你「睡」了幾個小時，也不要說出「我昨晚只睡了六個小時」這樣的話。誰在乎啊？再說，如果你昨晚的六個小時睡得非常沉呢？如果你昨晚確實只需要六個小時的睡眠就足夠了呢？

提升進出時空連續體的能力

決定放棄使用手錶、時鐘及手機查看時間的行為模式。

選擇不再戴手錶。

為你的一天或一趟旅行擬定計畫，但是要有充分的彈性。

不要聽廣播，因為播音員可能會告訴你時間。你可以使用播放裝置來循環播放歌單，這樣就不會因為一張專輯聽完而留意到時間的流逝。

早上別再使用鬧鐘叫醒自己（如果你需要在某個時間起床，可以請求天使長米迦勒或你的指引者幫忙）。

成年以後，我一直都在學習如何自然地與時間相處。但一

開始，我並不知道有沒有人會這麼做，我只知道我不習慣戴手錶，也不習慣使用鬧鐘。早在一九九〇年代，我就決定不再使用鬧鐘了，而那段時期卻是我正忙的時候，一年至少得前往四十五個不同城市指導研討會或神聖之旅，但我從來沒有錯過一班飛機。有一次，我完成了公司的工作，收拾好行李準備明天出門度週末，準備就緒後還有時間，於是我開始埋頭塗塗寫寫，就像一個拿著蠟筆全心全意畫畫的快樂小孩。等到我抬起頭一看，已經是凌晨兩點了。我心想：「哇，我六點鐘要出門去搭飛機呢！」然後我迅速收拾好一切上床睡覺，並且請求天使長米迦勒讓我準時醒來，給我充裕的時間去搭飛機。

到了早上六點，我在床上坐起來，看著時鐘，忍住沒說出一個明顯的事實——來不及了。相反的，我只想知道這是怎麼回事。三十分鐘後我出了門、抵達機場，然後走到辦理登機的櫃檯，服務人員告訴我：「你的航班取消了，我們得幫你重新訂位。」我詢問她班機是何時取消的，她回答：「昨天晚上。飛機沒能從芝加哥飛過來，所以今天早上就沒有飛機能飛過去了。」我意識到，如果我設定了鬧鐘，就只能睡幾個小時，然後趕來搭一班早被取消的航班。最後的結果是，我多睡了兩倍於原定要起床的時間。

現在，輪到你跟時間好好玩一玩了。你決定好了嗎？

時間是什麼？

時間是你可以操控的一個概念。第一步是去相信它，第二步則是去享受跟它一起玩的樂趣。「時間改變了」，你應該不乏這種體驗，就像這樣：當你早到時，你會覺得完成某件事用了「較少的時間」；而當你晚到時，你覺得完成同一件事花了「更多的時間」。為什麼？答案就在你投射出來的想法裡。當你晚到時，你會一直想著：「哇，我要遲到了。」你的心智朝著那個「你就要遲到」的未來飛奔過去，努力地編造藉口去安撫那些可能會因為你遲到而受到影響的人。想像一下，如果你能夠「拉起時間的帷幕」，暫時脫離時間的掌控，然後再於指定時刻回到線性時間之中，這可能發生嗎？答案是：這是完全可行的。

當然，你應該要先跟你的高我確認，你這樣做對你自己以及所有可能受到你行為影響的人都有最大的好處。這就是我一向強調的誠信與正直。為什麼要問高我呢？因為身在第三次元的你，有需要改變時間網場時，如果沒有跟你的高我確認過，你不太可能知道你必須先了解的所有事情。

尋找所有看起來時機合適，又跟你正在做的事情同步的機會，跟隨這些機會來行動。我會使用這句祈禱語：「準時，並有充裕的時間。」任何時候，只要我對自己在指定時間內完成

計畫感到焦慮時，我就會加上這句話。當我對自己設定的期限感到焦慮時，天使長米迦勒也會不斷地用這句話來提醒我。

第五次元的時間

在第三次元的你真正採取行動之前，在第五次元的你已經先觀察到了。你不能稱這是一種預測，因為它已經存在於現實之中，在第三次元的你能觀察到之前，第五次元的你已經提早幾秒鐘先看到了。科學實驗已經證實，受試者在動作之前就先出現了反應（這是以視覺為主的實驗，在輸入圖片給受試者看之前，會先測量其「反應」並評分）。在第五次元，你與你的高我緊密相連，以至於你可能並未注意到在第三次元的你（擁有物質身體的你），在線性時間上稍微滯後了一些。

你是否發生過交通事故？意外發生時，時間彷彿變慢了，你甚至能夠清晰地觀察到每一毫秒發生的事。如果時間完全是線性的，這種情形怎麼可能發生？怎麼可能會感覺到時間彷彿變慢了？讓我們再回到紙扇的那個之字形意象。意外發生時，你會不知不覺地滑進時間的摺縫中，因為親身經歷意外事故，使你的覺知瞬間增強，讓你有機會去改變及觀察自己的反應。即使你從未發生過這樣的事，也可能聽過別人描述。

你可以練習「慢動作」，就像你可以隨時開啟及關閉時間

一樣；很快的，你會發現自己可以做到。明智地使用它。時間、空間以及感知是交織在一起的，當你能夠提早看出自己有足夠的時間時，實際上就是在延展時間。你可以想像跟某人合作一項計畫，而對方告訴你，他們擔心沒有足夠的時間來完成。此時你能否建議大家一起來想像，你們會以某種方式準時完成工作，而且時間還相當夠用？有時，你可能會否認說你並未延展時間，而是擴展了你對時間的體驗。但本質上，這兩者是一樣的。

來自時間之主的訊息

考慮到有被濫用的可能，我對這個主題的所有知識一直都嚴密保護著，很少主動去談論相關的問題。然而，我最近被指示要分享天使長米迦勒透過我傳達的訊息。在接下來所傳達的訊息中，時間之主（Lords of Time）——圍繞著時空連續體的一種宇宙存在——闡明了關於時空連續體的訊息。

傳達來自時間之主的訊息，二〇一五年十月

我們是時間之主，隨時準備協助你們盡可能地理解並認識時空網場（time-space matrix）的能量。時空網場是一個平面，是流動且不固定的，會隨著情況與環境而彎曲及形塑。

此外，你們可以透過摺疊時間，輕易地清除掉意識中的殘渣或其他有害的經歷（想像在一張白紙上撒沙粒，把紙張對折後，就可以傾斜著將沙粒倒進垃圾桶）。折疊時間是你們的第一個練習。我們現在已經準備好回答你們一些具體的問題。

時間網場是什麼？

時間網場是一個網，包含許多節點，這些交錯的節點會跟機會、入口連接起來。時間網場被編進你們的 DNA，因此脫離時間網場是一種存在方式而不是選擇。這意味著，你們可以選擇擺脫強行加諸於你們身上的時間模式，不再需要知道現在幾點，也不需要去知道還有多少時間；相反的，你們要想像時間是無限且永恆的，要去感受來自內在智慧的機會與指示——若非如此，你們將無法聽見祂們的聲音，因為一旦你們知道時間，就會忽視祂們的存在。你們明白嗎？

能量網場是什麼？

能量網場（energy matrix）是一個能量場域，讓氣（能量）的流動得以被捕獲及引導。人類有很多種方式可以利用能量網場，當他們誠信正直時，就能與能量網場的振動校準；當他們照顧好自己的身體並按照應該遵循的晝夜節律生活時，就能夠與能量網場建立連結。時間不是罪魁禍首！不要再把你的

歷史經驗當成你不適的原因之一，就像：「我今天早上沒有吃藥，所以才會感覺不舒服。」或是「當我去其他國家旅行時，雙腳總會腫脹。」你可以引導能量網場，也可以有目的性地去訓練流經能量網場的能量。

來自薩納特‧庫馬拉與時間之主的訊息

以下是來自揚升大師薩納特‧庫馬拉尊主（Lord Sanat Kumara）及時間之主的訊息（透過莫琳傳達），於二○一六年發表在《聖多那靈性期刊》（*Sedona Journal of Emergence*）以預測（Predictions）為主題內容的那一期雜誌。

薩納特‧庫馬拉與時間之主傳達了以下的內容：

我們希望一起解決若干問題，這些問題是你們一直很想知道的，跟其他版本的你們及在其他時間軸的你們有關。

儘管確實有多個版本的你們、有多個時間軸以及多種表達，我們還是能夠釐清你們對這些真相的理解……

你們必須明白的是，你們的許多不同版本是因為你們的選擇而存在。當你們做出某個決定後，假如結果讓你們悔恨與自責，並把你們的情緒執著或依附於此，就是在創造另一個現實版本的織線，好把另一個可供選擇的決定編織出來。

　　每個決定都有五個可能的選項：兩個選項在級別以下、兩個選項在級別以上，最後一個我們稱之為神聖選擇或高我選擇。兩個級別以上的選項以及高我選擇（前三個選項），是你們能夠做出的最好決定。你們可能會對某個決定感到後悔，卻可能是當下你們的最好決定；儘管如此，還是會感到懊悔。就像一個離了婚的女人仍然牽掛著她的孩子，或是擔心孩子們會與父親不親等等。事實上，她的情緒正在創造出另一個版本的現實，而這個情緒現實中的她並沒有離婚。

　　現在，最重要的是你們要理解，是她的情緒與她對這個情境的承諾在供養另一個版本的自己；與此同時，她的伴侶因為羞愧、悔恨或自責，這種種情緒也在餵養另一個版本的現實，為它的存在貢獻能量。只要這些情緒一直存在，另一個版本的現實就會持續得到供養。一旦他們能夠克服這些情緒並接受他們所做的決定，就會逐漸抽回能量，不再繼續餵養另一個版本的現實，而另一個版本將會在缺乏能量的情況下逐漸消散。沒錯，每一個決定的多個版本都是以這種方式出現的；但是，可供選擇的現實版本並不是無限的。因此，才會出現「極有可能發生」的機率以及「有可能發生」的機率這兩種區別。

　　現在，你們可以分別使用「洞察」及「消融」這兩種

能力來重新審視環境與情境。時間軸正在塌陷。在你們消融後悔、懊惱等情緒，終於決定放手之前，你們的心智會將這轉瞬的覺知轉化為一個「如果……會怎樣」的大哉問，你們甚至還可以瞥見照著「如果……會怎樣」的版本走，會帶來什麼樣的結果。就在那個當下，你們會感到一陣顫慄，或說是帶著強大意志的撤退，讓你們得以放下羈絆，釋出你們對那個版本的執著與能量供養。

現在，時間軸正在癒合，你們甚至可能不記得發生過某個場景或情境，因為它即將被完全併入你們自己的時間軸之中。就像一條織線被穿回到適當的位置，於是你們就有了一個飛逝的記憶以及一個有意識的決定：「我很高興我沒有去。」所以，鬆開那股能量使它落回到現在的時間軸，與今天的你們重新校準。

遺忘

這也是為什麼你們人類總在遺忘，甚至忘了自己曾經忘記什麼。有時你們會意識到自己忘記了，但有時不會注意到你們忘記了。於是你們就能夠理解，在這一刻醒來的人有可能不記得昨天他們還滿懷怨恨，今天卻能夠毫無嫌隙。每個人都可以重新開機、重新設定，有許多重開機或重新設定的程式可以使用，好讓人們能夠在夢中接通網

格、重新進行設定，允許自己以一種擺脫創傷與戲劇性事件的方式去篩選經驗。我們正在盡一切努力，讓這個星球的人類從創傷及戲劇性事件中解脫出來，並盡力降低人們在明確得知這項訊息時可能受到的衝擊。

- -

<blockquote>
我們正在盡一切努力，

讓這個星球的人類從創傷及戲劇性事件中解脫出來，

並盡力降低人們在明確得知這項訊息時可能受到的衝擊。
</blockquote>

- -

我們不是建議你們要變得麻木不仁，而是表明一個真相：人性是可以改變的。你們不用故意麻木自己，而是要變得開放、包容、提高覺知，勇於去擁抱改變。這也是為什麼人類需要升級，以防止自己被恐懼的意識牢牢禁錮。

還有一些人在尋找未來的答案。我們要肯定地告訴你們，未來仍不確定——這個答案不是要你們心生害怕，而是在告訴你們，我們需要你們的力量來決定你們的未來。我們需要你們參與這個自由意志區的改造，因為你們正處於它的中心，也就是改造必須發生的所在地。這意味著，當你們遭遇困難、創傷或戲劇性事件時，必須學著使用幽

默、有趣的措辭,來讓自己從情緒偏執中解脫出來。

所以,我們會跟你們開玩笑地說:「喔,我不知道為什麼不記得了,我一定是老年失憶了!」想必你們許多人都聽過這樣的自我調侃。然後我們會補充說明,不對,那是多重次元時刻的現象,當你們選擇這個說法而不是老年失憶時,你們是在重申自己本具的多重次元性(multidimensio-nality),並鬆開集體意識的枷鎖,重新取回你們的權力去創造屬於自己的實相。當你們遇到束手無策的障礙,無論是一張付不出來的帳單或是難以解決的火爆場面,你們要退後半步說:「這裡有個解決方法,我想立刻找到它。」或是「我很好奇這個解決方法會是什麼。」如此一來,你們就打開了一條通往解決方案的道路,那是你們從未想到的方法。遭遇困難時,你們有責任毫不畏懼地正視,並向它們說:

你們沒有權力,
你們沒有權力,
你們沒有權力,
這裡有個解決方法,我要求它出現。阿門。

只要你們說出想要的結果,宇宙就會提供你們解決之

道。宇宙就是以回應人類的方式被創造出來的，而它之所以會回應人類，是因為人類攜帶著上帝的 DNA（God DNA），每個人身上都帶著造物主的能量。因此，不論人們是否意識到，都擁有下指令與掌控的力量，那是其他任何地方都沒有的一種力量。這也是為什麼宇宙中有那麼多其他的存在，我們卻想要跟你們合作、互動及觀察你們。

　　知曉你們擁有絕對的權力，這是極其強大的力量。當事情出錯或失敗，或者使你們感到不舒服或不愉快時，你們可以從容去體驗，然後對自己說道：「這裡肯定有一個解決方法，我只要找到它就好。」或者說：「這裡有一個解決方法，我希望能夠很快就知道答案。」但這並不是說，你們不用採取任何保護自己的措施，而是在遇到困難時，希望你們能理解，你們再也不需要受苦了，苦難就此結束。

當你們展望即將來臨的一年，
尋求機會想要轉變或轉型時，
你們可以指望的一件事，就是苦難即將結束。

　　當你們展望即將來臨的一年，尋求機會想要轉變或轉型時，你們可以指望的一件事就是苦難即將結束，人類不再為彼此製造痛苦。此外，威權正在衰退，那些思緒清晰、行為誠信正直的人將會分布在全世界各地，繼續質疑權威以及那些嚴重影響人類的活動。

　　我們不允許有人再濫用權力。在位時間最長、被稱為「現代法老」的埃及總統穆巴拉克（(Hosni Mubarak）政權被推翻，就是一個最好的例子。這個埃及的最高領導者要求軍隊武力鎮壓、殺害埃及的平民百姓，而軍隊拒絕了這項命令，說他們不會使用武力去殺害自己的人民。在世界各地，都可發現這種我們稱之為「公民不服從」（civil disobedience）或非暴力抵抗的情形，所以你們將會看到的部分情況是，人們會越來越樂於與其他人一起挺身而出，捍衛身為人類以及身為公民的權利。

　　最後，你們將會看到一個轉變，一個更大的轉變，我們會說這個轉變已經就定位了──人們不再倚賴所謂的主流新聞。他們會得出這樣的結論：來自朋友、部落格及各種其他來源的新聞，更值得信賴。我們已經準備好接受提問，以下就是問與答的部分。

問與答

在接下來的部分，你會看到我所提出的問題，以及時間之主針對這些問題的回答。

人類已經習慣於創傷經歷與身分認同，有些人甚至發展出受害者情結，或對創傷帶來的附帶影響上癮。令人困擾的是，這一類的訊息相當缺乏。我們應該如何做，或者說應該用什麼來填補釋放記憶或解決問題留下的時間空白，好讓我們不會上癮或習慣性地重塑新創傷與有害的情緒？

有兩件事正在發生：第一件事是能量殘留（energetic residual）；第二件事是殘存的能量會把你們拉回到過去。在較高的意識層次中，有時候會發生這樣的情形：遺忘尚未開始運作，而潛意識試圖以更好的結果來取代這個事件。當你們想獲得一個不同的結果時，這種想法就會創造另一個經驗（包括不同的人與不同的情況），但最後卻創造出一個完全一樣的經驗，為什麼？這是因為你們想向自己保證，其實你們當初沒有做出糟糕的決定。

我們要告訴你們，無論你們做出的決定是好或壞，都只是生命的一次體驗，你們可以在任何時候決定：「我不再需要這樣或那樣的經驗了，我不再需要去經歷它了。」然後向宇宙宣布：「我再也不需要那樣做了。」比如說，

有個女人的前夫是個家暴男人，然後她再嫁的老公同樣也有家暴問題。她一直都在忍耐並相信，一定有個愛她的男人可以跟她建立幸福婚姻，即便對方曾經打過她，但只要對方深愛她並保證會改變自己，她就會既往不究。因此，這個女人會在潛意識中創造出這樣一個經驗，並想以溫柔的方式來解決問題。在這個歷史性時刻，我們會建議她全部打掉重練，放下這種重現過去來創造一個好結果的意圖，才是可能達到目標的更好選擇。然而，機會會消逝，不會一直都在。這就是為什麼遺忘如此重要且力量如此強大的原因。

現在，再來檢視這樣的需求或願望，我們稱之為「以相同的場景去創造一個更好的結果」。但是踏進一個過去的經驗，然後瀟灑離去，不是更美好嗎？「當時真的好困難，我不想再來一次了。」當人們這樣說時，現實就會回應他們的要求，不會讓他們再重蹈覆轍。

現在，我們再回過頭來回答你提出的另一個問題，也就是跟我們所稱的空虛感、缺憾或「我現在該做什麼？」有關。我們要告訴你們，當你們察覺到自己陷進某個情境中，即將跟新的人重演過去的舊戲碼時，你們心裡可以這樣想：「我完全不知道我為何會這樣想，也不知道為什麼我會有這樣的潛意識，但我選擇在此時此刻擺脫它。」事

實上，身為地球上的人類，當你們選擇放下及遺忘時，可以每天花點時間說這段祈禱文：「我選擇從沉浸過、遭遇過或探索過的任何創傷或戲劇化模式中抽離出來，代之以成為新地球的一分子，去體驗創造力、自我掌握、無條件的愛及人性。」

　　最後我們要說的是，地球是一個非常棒的試驗場。沒有什麼是你們做不到的，但這並不表示你們什麼事都能做，而是表示渴望的意圖會讓你們實現任何事。我們以絕對的肯定、絕對的熱情以及絕對的坦誠，對你們這麼說：盡其所能地快樂生活著。找出能夠讓你們快樂的所有一切。如此一來，每當你們想要填補空虛感或缺憾時，就會知道這是出自習慣而不是選擇。請養成一個適合你的新習慣，而這個新習慣可能就是賞花、看夕陽這一類簡單的事。如此簡單的快樂，就足以取代那些讓人沮喪、低落的情緒。無論你們在哪裡，只要你們繼續尋找快樂，快樂就會繼續找到你們。還有什麼問題嗎？

地球是一個非常棒的試驗場。

沒有什麼是你們做不到的，

但這並不表示你們什麼事都能做，

　　而是表示渴望的意圖會讓你們實現任何事。

. . . .

時間軸正在崩塌與聚合

　　我們正在討論的是創造多個版本的現實。帶著遺憾、悔恨等情緒的人，會創造出另一個版本的現實。

　　舉個例子來說明。你走進冰淇淋店，想要買一個冰淇淋甜筒。你看著所有的口味，很想來一球巧克力口味的冰淇淋。然後，你想到身上穿著那件你最喜愛的白色洋裝，萬一沾到巧克力就會很明顯，馬上就讓自己看起來又髒又臭。因此，你換成薄荷口味的冰淇淋，認為你不太可能會把薄荷冰淇淋滴在洋裝上，即使真的沾到了，應該也能輕易清洗掉。或者乾脆換成顏色更淡的香草冰淇淋，更能萬無一失。所有這些版本的現實都存在著：一個版本是你選擇了薄荷冰淇淋，一個版本是你選擇了巧克力冰淇淋，一個版本是你選擇了香草冰淇淋。現在，我們要對你說，你當下考慮的這所有可能性啟動了這些現實版本，不過現在它們都是無害的。但接下來發生的情況是：選擇巧克力冰淇淋的那個版本的你，真的沾到了衣服，然後你很苦惱應該如何清理乾淨。於是你走進一家商店，興奮地買了另一件很棒的洋裝；若不是沾到了巧克力，你可能永遠都不會

發現這件好看的洋裝。另一個版本的你則沾到了薄荷冰淇淋，不怎麼費力就清洗乾淨了。第三個版本是你選了香草冰淇淋，完全沒沾在衣服上，所以沒造成任何問題。我們要說的是，所有這些版本全都同時存在，直到它們不再被需要為止。

當你們與深愛的人分手時，也會創造出另一個版本的現實──並未分手的現實版本。這個版本可能是由不想分手的那一方餵養出來的，但在能量層面上，你們雙方都有提供能量，因為提出分手的人會愧疚，而不想分手的人會悔恨、不甘心，這些情緒都帶著能量。這一類的代替版本會千絲萬縷地再重織出一個現實，直到它塌陷並回歸到主流版本。

上面的例子，我們提供的解決方法就是，選你最想吃的巧克力冰淇淋，然後弄得全身都是，再給自己買另一件新洋裝。你要告訴自己：「這件洋裝正在特價呢，如果不是發生這件事，我永遠不會在這個街區發現這件物美價廉的洋裝。」這是一個快樂的解決方法，不僅解決了問題，也與主流現實融入在一起。

還有另一個版本的現實，是你悔不當初。

以及另一個版本的現實，是你沒有選擇真正想要的口味，但沒有發生令你苦惱的問題。

　　這所有版本的現實都會被整合進入當下時刻。因此，你們選擇的道路確實不止一條，而你有兩種選擇，正如詩人佛洛斯特（Robert Lee Frost）所言：「少人走的路，還是你沒有走的路？」而我們會說：「不論是哪一條路，都被你們走過了！」

第8章

屬於你的第五次元之路

要成為第五次元的你，做法與以往截然不同。在這件事上，你的意圖是最重要的。缺乏足夠的意志，你無法走進這個國度。當然，一旦你開始詢問、探索，就會有足夠的訊息去運用你的意志來要求協助，讓你得以進入第五次元。我建議你每天都要這樣要求。

你有責任對自己坦誠，但這不容易做到，因此往往被視為面對心靈陰影的挑戰。這意味著，你必須請求朋友告訴你實話；你必須帶著「感恩」的心去接受每個批評，並下定決心徹底解決這些抱怨。這也意味著，無論如何你都會愛自己的所有一切，即便你不夠完美；這也表示，你願意改變，不再為自己辯護。相反的，你決定要向批評你的人學習，從此不再撒謊、不再處於灰色的陰影地帶。只要你這麼做，就會強化你所承諾自己的無條件的愛！

第五次元的基本美德

　　缺乏道德的人，無法進入第五次元。但同時，在第五次元的你其實並不需要道德，因為在那裡，你不會有任何動機去胡作非為。這是因為在第五次元，非上帝的選擇根本不存在。那麼，道德到底是什麼？答案是：道德意味著一種意願，願意讓自己的言語、思想及行為保持一致，傳達出相同的訊息。當你在不同次元之間搖擺不定時，道德是隨時可以採用的概念，它可以幫真正的你穩定下來。

　　如果你是因為可能會被逮到而決定去做「對」的事，即便你以為自己在朝著第五次元前進，但你永遠都只能停留在門口。相反的，如果你做正確的事只因為它是對的，是你堅守道德的一種實踐（而不是害怕東窗事發），那麼這樣的行動就會帶你進入第五次元。下定決心做個有道德的人並身體力行，會帶領你到第五次元。當你的思想、言語及行為達成一致時，就會讓你留在第五次元。在沒有外在動機的情況下，下定決心去做某件事，必然會是充滿喜樂的一個選擇。

　　在第五次元，你會關心鄰居、關心其他人，就像關心自己一樣。不管是親密關係、夥伴關係或是普通的朋友關係，都會充滿了慈悲與愛心，沒有非難也沒有責備。雖然你使用的仍是第三次元的語言，但事實上，利用他人、占人便宜這一類的想

法完全不會出現在你的腦海裡，因為那不再是動力了；相反的，合作、公平及友善才是你的動力。

　　你可能會問：「如果我不對自己好一點，要冀望誰呢？如果我不能保證自己的安全，我要如何完成來到這個星球的目的呢？」看看你，你又掉進舊模式了。當你選擇的是待人如己或愛人如己時，就保證你只會吸引跟你志同道合的人，而且也只會跟他們合得來。當然，先決條件是彼此信任。相信我，你一定會知道誰是你的「同道中人」，這不會是個問題。我並不是說，你要犧牲自己，凡事以他人為優先，我的意思是，你有能力兼顧，在關心他人的同時，也關心自己，這沒有互相牴觸的問題。

　　進入第五次元的主要訊號之一，就是出現待人如己的這種美好能量。這種美德可以經由學習獲得。你為何不願意做？它不僅能改善你的生活，還保證你至少幫助了另一個人。想像一下，如果不管任何形式的交流，雙方都能為對方的福祉著想，我們的世界會發生怎樣的改變。

　　這樣做不是讓你成為一位仁慈的國王，高高在上地決定另一個人需要什麼。相反的，你要問他：「你滿意嗎？你得到了想要的東西嗎？」就是這樣，棒呆了。你現在可以跟誰進行這種交流呢？你可以跟對方一起練習嗎？你可以跟別人一起試試看嗎？

　　現代人往往會找個假想的敵人，時時刻刻都不忘競爭。然而，如果我們都在道德上提升，具備了「待人如己」的這個美德，每個人都會從中受益。那麼，要從哪裡做起呢？我想，不需要我告訴你，你應該時時都要表現得就像每個人都在睜大眼睛看著你一樣，這就是成功的關鍵。因為如此，才會督促你去發展及增強對正直及誠信的高敏感度。以往你認為可以接受或是沒問題的事，將會隨著時間發生變化及改進。

- -

你要表現得就像每個人都在看著你一樣，
如此就可發展並增強你對正直及誠信的高敏感度。
以往你認為可以接受或是沒問題的事，
也將隨著時間發生變化及改進。

- -

做出第五次元的判斷及反應

　　拒絕去接受任何不適合你（或說不適合真正的你）的人事物，而且要做到能夠隨心所欲，沒有絲毫勉強。你沒有必要認為那個人是壞的或那種情況是錯的，他或它只是「不適合」你而已。別怪罪到對方身上，相反的，你要告訴對方：「即使我

不認同，但我支持你有權利這樣做或這樣想。」

我們先從你的日常狀態來分析。你通常會監視、窺探正在發生的事，並時不時地想要去控制環境或情況。但如果你能夠有意識地把監視、窺探轉換成覺察，而且不採取行動或反應呢？如果你做得到，就會給自己空間去了解正在發生的事是不是適合你。你可能還會以某種特定的方式去判斷情況，或者習慣把狀況或人分門別類；然而，不帶任何反應或控制的覺察，會讓你更自由地決定某件事或某個人是否適合你。

這樣做看起來似乎差別不大，但理解其中的差別非常重要。合適或不合適，是一種不帶任何偏見、貶抑或評判的心態，你要用這種心態去體驗現實，而且只做個觀察者，不要自己親自下場操作。這種方式的效果非常強大，可以讓還在第三次元運作的你，從第三次元逐漸移往第五次元。現在的你，已經具備了多重次元性了！

這就是自我觀察（self-observation）的運作方式。當你覺察到你正在關注某件事時，要隨時把你的注意力拉回來一點，然後審視自己對這件事的感受。一旦你開始監視，就是有意控制它。然而，只要你多帶上一點自我覺知，就能夠擺脫對它的控制，轉換成只去覺察它的存在。能夠這樣做的你，代表已經準備好要客觀地觀察它是否適合自己了。

如果你心理上開始起了「反應」，不管是感受或想法，都

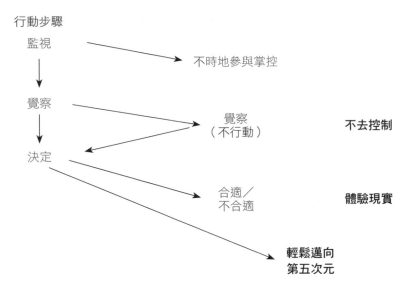

圖 8.1　監視與覺察的圖解：監視是一種掌控行為，
因為你一定會親自下場去操控。

會讓你回到舊有的控制模式。相反的，你只要去覺察自己的感
受或想法就好，然後再決定這些想法與感受是否適合你。這樣
做會讓你不用參與到第三次元的反應，而繼續留在第五次元。
這是一種極為強大的存在模式。

　　當你走到決定階段時，先檢視這些狀況是否適合你，然後
毫不費力地做出決定。一旦能夠不費力地做出決定，就可讓你
安穩地留在第五次元。

動機與評判

檢視你的動機。當你的行為受到質疑時，不要急於辯解，而開始沒完沒了的攻防戰。相反的，你應該去了解自己以及自己的動機。你可能會發現，其實你的動機不是你當初所想的那樣。

學會辨別而不是評判，你就不會再讓自己走入二元化的陷阱，把所有事情劃分為好與壞兩類，而是以適不適合自己來決定。

靈性道路的引路人

引路人（way-shower）指的是領導人或知曉者（knower），他們就在你身邊。我第一次注意到引路人這個名稱大概是在二十年前，有一次我為委託人做阿卡西紀錄解讀時，阿卡西紀錄的指引者告訴我，說這個委託人是一位引路人。引路人引導人們的方式，是揭露真相並將真相呈現在大眾面前，讓許多人都能從中受益。引路人的角色不是大聲疾呼「跟隨我！」而是鼓勵所有人善用既有的天賦並成為最好的自己。事實上，他們通常會說：「不要相信我，你要詢問的是你內在的指引者。」這

樣的人才是你可以信任的導師。任何教導你只能跟隨他們的導師（而且還希望他們說什麼你就信什麼），他們的心還停留在小我狀態，根本不值得你信任。

引路人可能是知識淵博的博學家，或是一位冥想者、通靈者、嚮導，或者也可能是一種靈性的存在，他們在地球上顯化，是為了幫助靈魂找到自己的道路。其中有些人是引路人，而有些人是揚升大師。有時候，大師會故意去激怒引路人，好驅策他們更專精本業。然而，不管是引路人或大師，他們的目的只有一個：共同為人類提升至第五次元而努力。

你要尋找的導師，必須是樂於讓你挑戰的人，也會要求你去驗證他們的教誨，而且會鼓勵你為自己這麼做。我的意思不是要你去公開嘲弄或奚落你的導師，而是要你在接受教導之後，主動在自己的內心好好探索，然後問自己：「這對我有用嗎？能讓我變得圓滿與至善嗎？這是我所追尋的真理嗎？」即使是頗有聲名的導師，所給的教導也有可能是不正確的，你的責任就是學會分辨並尊重你的內在智慧。

地球的守護者

如果你是一位守護者（guardian），對於身負重任到地球的那些偉大靈魂來說，你就是他們的保護者與同伴。你的工

作，就是出現在這些新導師身邊並守護他們，照顧這些正在幫人類新家鋪路的神聖靈魂。你不必去「做」任何事，但你的任務跟他們一樣重要。在我的世界裡，就有許多守護者陪伴著我。守護者不用經歷其他人會遇到的陰謀詭計，人生會過得很平順，生活富足；除了擔任守護者的角色，並沒有其他被賦予的特殊使命、目標或要求。

我需要犧牲或放棄什麼？

　　幾年前在一場研討會上，有個人說他可能會因為美食享受，而不想放棄第三次元的生活。我點頭表示了解，我說：「我知道你的意思，但你不妨換一種更寬廣的角度來思考。想想看，你從小至今，身上已經發生過多少改變了。舉例來說，一個六歲孩子最喜歡吃的東西，可能是某一種速食；但是當他長大後，他不會選擇速食店來跟他的心上人用餐，因為他已經懂得享用真正美食的樂趣了。」

　　當你重新創造出一個實相，展現對第五次元的渴望，以及第五次元存在的可能性，這時的你會滿心愉悅。隨著你逐漸進化並放下目前覺得樂在其中的一些樂趣後，你的生活反而會出現更豐富、更有意義，也更令人愉悅的經驗與安排，為他人及自己帶來更大的滿足感。這個過渡階段很重要，你將會經歷到

的變化之一，就是除非能讓他人也感到滿足，否則你永遠都不
會感到滿足。

那麼，你必須放棄或犧牲什麼呢？答案是：不健康的習
慣。注意你的飲食，盡可能選擇有機食品。你會知道自己什麼
時候以及是否準備好要開始改變飲食了，而這就是你養成健康
飲食習慣的機會。

前世與今生的交會

你們之中應該有不少人有過突然經歷前世的經驗，你的前
世可能結束得讓你心生恐懼，以至於當你重回這些似曾相識的
場景時，會再度複製出某些特別可怕的經歷。知名作家及醫師
諾曼‧謝利（Norm Shealy）曾經多次告訴我，他曾經夢到自
己窒息而死的經驗；而當他搞清楚自己前世的身分時，這些噩
夢就不再出現了。然而，其他經驗不見得能夠這麼容易解決。

恐懼可以從這一世帶到下一世，把我們牢牢困在無能為力
的茫然之中。然而，一旦你明白其中的緣由，你就自由了。重
要的是，一旦你有了這些體認後，會更容易觸及你的神性。你
的幾個時間軸會逐漸匯聚，合併成一個不會出現太多失足踏錯
的新現實。

一開始，從第三次元過渡到第五次元時，你可能會覺得新

奇有趣，甚至忍不住笑出聲來。而你終於會明白，那些你曾經認為攸關生死的大事，其實未必如此。你也會發現，那些最害怕的人事物，以及那些彷彿會勒住你脖子讓你喘不過氣的事，只是因為你一味去相信而已。事實上，你還可以開玩笑地說：「哈！你不見了！」並看著對方（不管是人或事或物）失去了操控你的力量。

其他版本的你

在我執業期間，有時候會在同一時間遇到兩個極為相似的人，要我為他們解讀阿卡西紀錄。還有，明明不是「菜市場名」，但名字一字不差的兩個人卻在同一天來找我解讀，而且這種情況發生過許多次。他們會在同一天預約阿卡西紀錄的解讀服務、註冊課程，或是來參加同一場研討會。

有一次在辦公室，我們原本以為是在幫一位熟識的女士卡蘿萊納處理事情；沒想到幾週後，我們才發現那位跟我們預約時間的卡蘿萊納，是另一名新的委託人。而且，這兩個人的預約時間都是同一天的私人時段。剛開始我們都不明白其中的含意，只是覺得這些情況如此奇特且同步發生，後來當我詢問這是怎麼回事時，得到了一個「顯而易見」的答案：她們屬於同一個靈魂！

　　然後我問：「我應該說出來嗎？」我的高我大聲回答我：「當然。」於是，我把她們介紹給彼此，一個住在佛羅里達，而另一個下週就要搬去佛羅里達！

　　我的檔案中有許多我在世界各地遇見的人，很多人都來自同一個靈魂。他們所從事的工作，往往是同一個領域的不同專業。在高我的指導下做諮詢時，我跟他們都共事得非常愉快，而且我總能知道，他們詢問的事能否帶給每個人最大的益處及圓滿。

他們都擁有同一個靈魂

　　因此，我得出一個結論：每個人都有好幾個版本的自己。遇見或認識另一個版本的你，有什麼好處呢？你們或許可以一起努力，也或許能幫助彼此完成某些一個人無法做到的事。

　　以下的例子，就是同一個靈魂的許多版本。我透過熟識的朋友（有些人上過我的課）認識了一些人，那我怎麼知道他們都屬於同一個靈魂呢？因為出現了許多「線索」，而且當我跟我的高我確認時，也證實了這件事。在此，我略去了一些細節來保護他們的身分。在一個例子中，有個男人的臉疊加在另一個男人的臉上，我可以清楚地看出這是同一個人的兩個不同版本！你可以試著想像一下這幅畫面。

表 8.1　同一個靈魂的四個不同版本

特質	第一個人	第二個人	第三個人	第四個人
名字雖然不同，但仍具代表性。注意其中三個人的第一個字母是相同的母音，有兩個人的名字幾乎一模一樣（只是母音不同）。	亞當（Adam）	大衛（David）	亞當（Adum）	亞倫（Allan）
職業與興趣	二次世界大戰的軍醫、工程師／農夫／靈性高／非常注重家庭	工程師／靈性高，以工程師身分為海軍工作，非常注重家庭	工程師／醫學博士，非常注重家庭	偏向機械方面專長，虔誠，非常注重家庭
生日（不含出生年）	同一天	不明	同一天	不明
現在的年齡	已故	六十多歲	五十多歲	三十多歲
所在地	同一城市	同一城市	在同一城市面試，但後來決定放棄。有一段時間住在我家附近	有一段時間住在我家附近
性別都一樣	男性	男性	男性	男性
種族	白人	白人	黑人	白人

　　這群人同屬於一個靈魂，我就遇到他們之中的四個。我認識的第一個人已離世約二十年了，當時我還遇到另一個年輕版本的他，兩人住在同一個城市，而且都出自於自己的選擇。當我遇到第三個版本時，我問他是否曾經想過要搬到同一城市，他說他確實考慮過，而且曾經在那個城市面試過工作，但後來

放棄了。年紀最輕的那一個，還在找出真正的自己是誰。他們的工作都跟工程師有關，其中一個沒有經過正式訓練，卻能在工程上有新的發明和設計；另兩個擁有大學的工程學學位。第一個人與第三個人的名字幾乎一樣，只差了一個母音，都在同一天出生（年分不同），而且都具備了醫學方面的專長：第一個人是二次大戰的軍醫，想成為正規的醫生；第三個人是一名真正的醫生。

　　注意表 8.1 中驚人的相似性，你可以看出一個靈魂在幾個不同世代的化身能相似到什麼程度。這幾個不同年齡的人都在人生道路上與我不期而遇，並且保持著長期的互動。他們是我親自遇過並認識的幾個化身，顯然這個靈魂對我的生命有重要且強大的影響，這就是為什麼他的化身會紛紛在我身邊出現。這些人或許只是他的若干化身，我只認識其中四個，但我預期還有更多個化身存在。

　　這對我來說是極不尋常的經驗，因為每次我遇見他們其中之一，他們的身分對我來說彷彿不言自明，不用詢問就能了然於心。他們始終都是同一個靈魂嗎？沒錯，「同一個靈魂」的「同一個本體」在許多不同個體中出現；而這個謎團的底細還在揭開中。令人驚訝的是，這種情況並不特殊，甚至頻繁到讓我相信你身上可能也有過類似的經歷。

連結上另一個版本的你

　　為什麼找到你的另一個「分身」很重要？你的靈魂可以占據兩個身體，而且不止兩個版本。這個事實顛覆了所有關於「一個靈魂一個身體」的信念！你原本相信的事物，還有什麼可能不是真的？現在，正是時候去擴展你對於現實的信念了。如果你能誠實地面對自己，就必須接受這一點：許多發生的事遠遠超過你從線性時間的角度去想像的，你必須重新思考你對自己、你的生命及你的使命等一切事物的想法，藉由改變思考方式，成為最高境界的自己。至少，想想以下的可能性：你的心會更開放，勇於接受其他觀點及可能性。

　　隨著你開始接受多重次元及多個分身的新訊息時，你可以開始克服心智接受新訊息的能力——因為發生的許多事，都超過了你所能理解的範圍。你們之中有許多人可能都聽過不同的導師提過類似的教導，但自己從來沒有領會過，甚至還可能深感困惑。從某個經驗去找到一個定錨點，可以幫助你驗證這個全新的真相。例如，你可能做過一個夢，夢見自己正走在一條「沒有人走過」的路上；或是冥想時，讓你對生命有了深刻的洞見——而且你知道，這跟你目前的生活完全不一樣。因此，你要提醒自己，即便你身處永恆的當下，你仍在不斷地擴大你所關注的範圍。

　　想像你在大海裡游泳，看著岸邊，你可能需要兩個標記物才能判斷出你真正的位置。當你開始去「感受」在其他次元的感覺時，就像在大海裡游泳一樣，你可以試著利用出現在你眼前的標記物，然後慢慢的你就能辨識出來。當你意識到不止存在著一個版本的現實時，你的感知就會增強。但有時候，在你還沒真正接受多重現實之前，感知就會變強。為了能夠前往你想去的地方，除了顧及你目前的所在位置之外，如果能夠同時關注某些外在標記物與未來位置的相對關係，會有極大的幫助。重要的是，你要對可能發生的情況保持開放的心態。這種情況可用開車來類比，你知道自己在車流中的位置，同時也知道其他駕駛人的位置。

與莫琳·聖傑曼的問與答

　　問：雖然我已經分手六個月了，卻仍然經常感到憤怒、內疚、自責、背叛、羞愧、困惑，情緒波動很厲害。理智來看，離開這個男人的決定讓我感到很平靜，但有些情緒卻無法散去，包括爭吵的記憶，甚至我的「腦袋」裡還在想像雙方發生「新」的爭執。我想知道到底是怎麼回事。

　　答：首先，你並不孤單，還有另一個版本的你選擇了另一條路，繼續跟對方在一起。你會感受到如此強烈的情緒，是因為要透過這些體驗讓你連結上另一個版本的你——那個仍然留

在這段關係中的你。事實上，極可能有五種不同的你存在：兩個層次較高的你、兩個層次較低的你，以及一個神聖的你。你想要留在哪個版本，完全取決於你有多專注在那些能幫你維持在更高振動的練習上。

問：這種滲漏（bleed-through）＊可能發生嗎？

答：這些情緒（情緒化、在你的記憶中栩栩如生，有時甚至可以在你腦袋中「聽見」或重新經歷那些爭吵的過程）非常強烈，而且反差也極大。現在，當你在思考這些巨大的能量情緒時，要記住這些情緒正是你通往第四次元的橋梁，你可以跨越這座第四次元的橋梁去連結另一個版本的你。這意味著，這兩個版本的你會藉由這座橋梁交會。

問：我該怎麼處理這種情況呢？

答：做法如下：

1. 覺察到另一個版本的你確實存在，而且這些情緒也是真的。

2. 以觀察者的角度去觀察其他版本的你。

＊ 編按：滲漏（bleed-through）就像靜音雜訊一樣，是指在睡夢中或冥想時，會在半意識狀態下體驗到可能發生的部分事件。而在這裡是指分別代表全我的每一部分「分身」，或存在於不同次元的自我，交錯混合在一起、同時顯現的情形。

3. 把自己抽離出來一點點，然後說：「啊，我感受到來自另一個時間線的另一個我。」

4. 帶著慈悲去觀察，說道：「我很高興我選擇了這個版本（我的版本）的實相。」

5. 領悟到你與其他人正在供給這些交錯的現實版本所需要的能量。例如說，你關心前任過得好不好，對於他所受到的感情創傷感到內疚；而你的前任可能也很想念你，希望你還在身旁陪著他。

6. 認清所謂的「供應能量」，就意味著你允許自己去供應其他的現實版本。然而，你可以從這種責任感與內疚感解脫出來，並且說：「每個人都盡了最大的努力，包括我在內。」然後，哪怕你力量微小，也要把他打發走。就如同對待孩子的方式，你俯視著他，然後說道：「你還好吧？」等到孩子回答：「是的。」接著你就簡單說聲：「那很好。」然後把他打發走。

7. 只要注意到你正在做這件事，就有機會坦然面對前任帶給你的情緒。選擇就出現在這裡：當你停止供應這個實相，你前任單方面的作為也就無以為繼了。於是，那個實相就不復存在了。

8. 記住，把這當成是一場遊戲，所有玩家都是出於自由意志在選擇。不論是好是壞，都不要為你的決定感到

內疚或後悔。只要能這樣想，你就會感到寬心，變得輕鬆又自在。

問：有人建議我這麼做：寫信給每一個曾經讓我生過氣的人，然後慎重其事地燒掉這些信。不過我覺得這種做法費力又花時間，有其他轉化憤怒的方法嗎？

答：這種類型的練習主要是針對那些沒有能力去寬恕他人的人，這些人的心胸沒有開闊到能夠放下一切，去原諒傷害自己的人。你只要簡單使用被稱為「荷歐波諾波諾」（Ho'opo-nopono）的古老夏威夷祈禱文——對不起、請原諒我、我愛你、謝謝你——來淨化清理，轉化就會透過真心的寬恕來完成。

另一種更直接的方式是使用「聖哉、聖哉」的卡巴拉吟唱，你可以在我的《揚升咒語》CD 中找到（參見書末的「相關資源」）。

與小我打交道

在第三次元，我們對於小我的了解是有限的，我們不了解小我也有生存的需求。在東方社會，小我會被壓抑，人們不鼓勵小我的個人主義。但西方社會則是相反，我們的小我膨脹到巨大如天，以至於根本壓抑不了。所以最好的方式是教導小

我，讓它知道需要什麼才能轉移並融入到第五次元。此外，那些「會阻礙你前進的存在」會希望你相信，你必須運用小我去解決所有問題，包括你的問題及其他人的問題。

我在最近的一篇部落格文章中，寫了以下這個故事。我為我摯愛的丈夫上網買了一些聖誕節禮物，想要給他驚喜。這些禮物會在我外出旅行時送到我家，因此出門前幾天我就告訴他，我在網上訂購了一些東西：「我不在家時，拜託你千萬不要打開送來的包裹。」我知道他沒有買任何東西，所以沒有必要交代他去注意上面的標籤。我出門後特別發了簡訊提醒他（因為他總是會隨手打開放在門前的每樣東西），甚至還發了電子郵件再次提醒。

結果，我才出門一天，我丈夫就告訴我，他把一個寄給我的對講機放到我的辦公室了。事實上，那是我要送給他的驚喜禮物。我感到很沮喪，他就不能遵守我一個簡單的要求嗎？但另一方面，他完全無法理解我為何這麼失望。我說：「好吧，你去試用看看，如果你不喜歡，可以把它放回原來的盒子寄回去。」「啊，我已經把包裝盒扔掉了。」

我覺得很挫敗，於是冥想時我問：「這是怎麼回事？」答案其實呼之欲出。是我的小我在作怪！我丈夫平常為我做了很多事，因此我的「小我」想做點特別的事來感謝他。我想要在他不知情的情況下給他驚喜，這樣做，我就會覺得自己「盡力

做好了妻子的本分」，也表達我對他的愛與感激。

我實在不想承認我是處於小我的狀態。但接著，一段童年記憶浮上心頭：我母親打開了父親送她的一份聖誕節禮物。故事的背景是，我父親問母親她想要什麼聖誕節禮物，然後在暴風雪中開車帶她去買了這份禮物。後來，我父親把這份禮物跟其他禮物一起放在桌上，讓我母親把它們一一包裝起來。

到了聖誕節早上，我母親在大家面前優雅地打開了禮物，對我父親甜甜笑著說道：「如果這個錢包裡有張一百元的鈔票，不是更有趣嗎？」她打開了錢包，果真有張一百元的鈔票在裡頭！事實是，我父親費盡心思要給她一個驚喜——先讓她把錢包買下來、包裝好了，然後他在一堆包裝好的禮物中把這份禮物找出來，再小心翼翼地拆開包裝紙，把一百元鈔票放進去，然後重新把它包裝好再放回去，結果真的如願地讓我母親驚喜萬分。於是，我知道了我想讓我丈夫感到驚喜的真正原因：因為我從父母身上學到，驚喜是表達愛與感激的方式。但有時候，能欣然接受發生的一切，才是更棒的禮物！

邁出向上進化的一步

如今，美好的振動正在影響及支持著人類，讓我們越來越容易轉化為第五次元，從而改變現實世界。你的日常祈禱及冥想練習（尤其是團體練習）都能幫你穩固第五次元的自我，使

之成為現實。即使每件事都是基於自由意志，但你敞開自己去接受富足、療癒、轉變的意圖，會把你跟這些振動連結起來，並支持你的每個決定。想像一下，有數百萬美元的鈔票從摩天大樓上撒下來，還是要下面的人主動彎身去撿，才能把錢用在自己及其他人身上。

在這些能量中，有些能量能幫你超越較低振動的小我，你有很多機會可以學習如何與你的小我合作，一起找出連結高我的工具（參見第一章），同時也能幫助你了解小我──這就是與高我連結的好處。在某些時候，你或許就能讓小我與高我合而為一。

第五次元的兩性特質切換

當我兒子還是個青少年時，我就教導他每個人身上有男生也有女生，當時他還認真地告訴我：「可是媽咪，我的身體裡沒有任何女生！」看到他的反應如此激動，我笑了。理想狀況下，我們身上所具有的男女特質都渴望發展出一個平衡的自我，這就是神聖女性與神聖男性的充分表達，女性的特質包括溫柔、悲憫與感受能力，而男性的特質則是平衡、秩序及力量。我們每個人勢必都要達到這種平衡，並且會持續遇上這些特質，直到我們能夠掌握這種平衡為止。

在第五次元，你的自我表達可能向內，也可能向外，完全取決於當下的情況與需求（你可以想想照顧孩子的男人，以及操作機械的女人），這讓你擁有極大的彈性。試著想像一下，有一天你可以視情況，自由切換成男性或女性的存在方式。事實上，有很多女人及男人已經（幾乎是自然而然的）這麼做好長一段時間了。

我從工作崗位退下來，有好幾年時間都待在家裡照顧孩子，我沒有意識到自己變成了一位充滿母性的女人；當我返回工作崗位後，我又回到了先前的工作模式。晚上下班回到家，我依然戴著「上班男人的帽子」，渾身都是幹練的男性氣息。於是我發現，當我把男性的存在方式帶回家裡時，我跟家人的關係變得一團亂。一旦覺知到了這一點，我開始有意識地「換帽子戴」——從公司（男性）型的能量轉換成孕育（女性）型的能量，於是我跟家人重新修補了關係。這種新平衡，就是你在第五次元的存在方式。當你連結上真正的你並沉浸在其中時，你可能會發現，不論是男性特質或女性特質，或是幾乎同時表達出兩性特質，這樣的角色切換，你做起來毫不費力。

神聖男性與神聖女性的療癒

自二〇〇六年初以來，我們一直在處理的事，就是神聖男性與神聖女性的孕育與出生。如今，我們正在經歷嬰兒期與

「牙牙學語」的階段；下一個階段可以比喻成幼兒期、青少年期，最後才會進入成人期。你的目標是重新塑造你自己，並且逐漸進化為新的振動。

神聖的男性網格──關於男性如何採取行動、做出回應、解決領導行為的一種能量基礎──已經被升級。最初，神聖男性是強勢「至尊男」（alpha male）的追隨者及擁護者，而神聖女性的能量則為他們提供了支持。但在新的第五次元版本中，每個男性都可以領導自己，並能夠以更平等的方式與其他男性一起合作。只要檢視舊日的領導方式，就可以為這個改變做出最好的說明。

在聖殿騎士團（Knights Templar）時代，男性的行為與今天截然不同。聖杯騎士（Grail Knight）會遵從聖杯侍者（Servant of the Grail）的使命，他的職責是保護團體中的領導者，並為其提供服務。在聖杯任務中，男人的伴侶隱身在後而且不為人知。雖然這些男人通常都有家庭，但他的家人並未受到注意。這些隱密的家人被統稱為「聖杯之友」（Friend of the Grail），住在一個永遠不會被發現真實身分的社區，以保護同盟中的女人及孩童。這個網場（matrix）有女性低調地跟隨及支持，這是男女之間早期合約任務的一部分。

對許多與抹大拉的馬利亞一起合作的人來說，背後還有一項更偉大的任務。二〇〇六年，在第一趟抹大拉的馬利亞神聖

之旅（Mary Magdalene Sacred Journey）中，當我們齊聚在法國時，情況有了變化。行程的最後一天，我們與一位有著馬利亞血統的成員，來到法國烏薩特（Ussat）附近一個非常神聖的地方。她為我們施膏，並主持了一場儀式。在儀式中，男人代表了人類的男性，而女人代表了人類的女性。男人從聖杯侍者的地位提升為聖杯勇士（Champion of the Grail），女人則從聖杯之友的地位提升為聖杯夥伴（Companion of the Grail）。這些新網場賦予男人與女人力量，成為神聖的自我，不再因為對某人的忠誠而被牢牢固定在某個位置。

男人被激活成為勇士，意味著他們不必證明或征服任何事來確立自己的價值，也不需要跟隨領導者。最重要的是，他們不再需要為了完成任務而拋棄家人！身為勇士，他們可以選擇工作方式，其中可能也包括與他人合作。女人被激活成為夥伴，代表真正平等的另一半，擁有各方面都平等的夥伴關係。這意味著侍者與朋友的網格，被勇士與夥伴的新能量所取代了。

然而，要使這個轉變成為現實，還必須下更多功夫，而且要花比預期更久的時間。與此同時，全世界各地的男人與女人都在這些新網格中找到他們的道路，並宣告了他們將有別於前人的明確意圖。

二〇一二年，馬雅長老及薩滿亨巴茨‧門帶領我及其他靈性導師一起踏上了一趟神聖旅程。在我們的儀式上，他提醒我

們，男性必須讓位了，因為女性世代已經來臨。許多靈性導師也都提到了這一點。在這次活動中，我代表所有女性「接受」靈性領導者的使命，並提醒在場所有人，我們對這股平等與共同領導的新力量都有責任，尤其是女性。

二〇一四年抹大拉的馬利亞神聖之旅，是恩典的再次延伸。勇士（男性）因為操控與征服所造成的創傷得到了療癒，夥伴（女性）因為屈從與克制所造成的創傷也得到了療癒！把解毒劑放在這些傷口上，只是儀式的一部分。我們還代表人類，為團體中的每個成員進行了安慰禮（consolamentum）。這個「卡特里派的聖禮」（sacrament of the Cathars）相當於聖靈（Holy Spirit）或神聖聯盟（Divine Union）的浸禮，是一種專門在洞穴裡舉行的儀式。在儀式中，候選人會成為「完美者」（perfect），完全融入他或她的神性自我。我們重新活化了自己，要求自己的高我為我們施膏；這些創傷的療癒，為兩性之間的平等與和諧共處建立了連結。

許多類似儀式正在全球各地展開，其目的都是療癒並調和因為虐待所造成的情緒創傷。接受並舉行這一類的儀式，是在新能量中克盡全功的關鍵之一，對你來說也是一個重要的方法，得以在你與神性自我（Divine Self）之間建立起某種程度的熟稔與連結。連結你的心，聽從它的指引吧。

第 9 章
更高層次的次元環境

　　到目前為止，我們只討論到第五次元，但事實上一共有十三個次元，而且你都有可能進入。下面我整理了一張快速參考表，涵蓋了各個次元的價值與特性，便於你探索與對照。你確實是多重次元的，表中對於各次元特徵的描述，有助於你隨時辨識出自己的所在位置。最後，這張表也會幫助你理解，你事實上是同時在多重次元之間擺盪，但大多數時候，你一次只會專注於一個次元。

　　第五次元的特徵之一，就是你會越來越容易意識到現實畸變。如果你看過電影《駭客任務》（*Matrix*），可以把這種現象與主角尼歐看到一隻貓向前、向後移動，然後又再次向前移動的那個場景來比較。

　　他提到了這一點，而陪同他進入虛擬實境空間的護送者馬上就辨識出來，這是要他們立刻離開的暗示。如果你想了解多重次元，這部電影絕對值得一看，因為電影中把許多原理都呈現得淺顯易懂；不過要提醒你的是，電影中有不少暴力場景，

建議你在看時先遮住你的脈輪*。

　　當你不再深陷在人類集體意識所設定的心智控制中,就可以輕易地從新聞媒體與刻意編造的訊息分辨出真偽,並且逐漸意識到現實的異常現象。你不能再漠視某些「不對勁」的情況,或繼續被瞞騙;許多曾經充滿疑雲的不實訊息,會突然間變得清晰起來。那麼,你如何進入這種意識?一個方法是,開始去了解每個更高層次的次元提供我們什麼,以及我們如何去體驗它們。在後面的章節中,我們將會討論如何擺脫第三次元的封鎖。

多重次元的體驗

　　在表 9.1、表 9.2 及表 9.3 中,扼要地描述了十三個次元的主要特徵,並將這些次元分成三個層次不同的界域(realm):低層創造或兩極化創造(polarity creation)、中層創造及上層創造。能夠識別不同次元的好處是,當你冥想時,可以有意識地移往那些位置;到最後,你就可以憑直覺將它們加入到你有意識且清醒的環境中。這個技巧還可以幫你理解,每個層次都

---

* 一個簡單的手部動作。將你的掌心放在頭頂上方大約六英寸處,然後往下移動到身體前方,仍然與身體保持著距離,想像你正逐一把每個脈輪關上,宛如用手把一個人的眼睛闔上;稍後,脈輪很容易就會重新自行開啟。

是有序且一致的。

　　我們正在經歷的基本進化步驟，讓我們得以了解下一步會是什麼。低層創造應該能幫你理解你已經知道並體驗過的事物，而藉由這樣的理解，你可以開始思考更高層次的次元。

　　在我看來，這些訊息對於一直在尋求答案的線性心智非常有幫助。你可以讓靈修工作帶領你邁向第五次元，或者心智與靈修並行。

　　這意味著，你要採取一種積極的心理狀態，透過自我反省、親朋好友及行為去認識和觀察自己，看看哪些信念、態度與第五次元的概念有衝突。這樣做，會幫助你穩固地待在更高層次的次元，這是光靠靈修做不到的。

　　我們跟伴侶、親朋好友一起時通常會感到安心，在他們面前，可以自在地表現出自己最糟糕的一面，也因此這會是一個進行改變的理想環境。到最後，這些都只是幫助你理解的訊息系統，讓你不再故步自封。

　　就像你在看電影時學會先擱置懷疑，允許自己同時存在於多個實相之中，而現在正是時候讓你的小我心智接受你可存在於多重次元的可能性了！當你越來越能接受這一點，並且能覺知到每個次元的獨特性質，就能帶著特定意圖進入這些次元。

　　人類早已同時分占多個次元，在其他次元也可以找到不同版本的你。這個真相違反了人類的直覺，這是因為第三次元的

功能之一是聚合點（assemblage point）[*]，因此觀察者與體驗者為同一人，排除了其他自我的意識。然而，這一點現在正在改變。事實上，你的創造經驗也在複製各次元之間的關係，以及它們的特質；此外，理解並接受多重次元的概念，提供你一個獨特的方式來為個人的現實經驗進行訊息分層處理，讓你認識到各個次元就像俄羅斯娃娃一樣，是以振動方式相互套疊的。這意味著，即便你已經可以在任何時刻處於第五次元，但你仍可與位於第三次元的家人互動。因為無論你置身在哪個層級，都有機會體驗較低層級的次元。互動形式是有規則可循的，但主要適用於第五次元及更高層級的次元。研究本章所附的圖表，將有助於你辨識每個次元的特性。有了這樣的新理解，你就可以開始看出不同層級次元之間的關係，就跟實際去創造它們一樣重要。

在物質世界與宇宙中隨處可見的對稱性與秩序，出現在神聖幾何的各種形式中，比如音樂、視覺教具或穿戴藝術，協助人類重新編織或校準他們失衡的舊有模式與反常行為，以融入自己的神聖藍圖中。有許多新崛起的藝術家正在這項媒介中辛

---

* 編按：聚合點是能量體的一個圓球狀光點，位置約在肩膀高度。我們對世界的感知，都是透過聚合點所整合後的訊息而來。小孩子的聚合點會時常浮動，代表其對世界的知覺經常變動；但隨著長大及後天的學習，聚合點會固定在同一位置，也就越不容易改變對世界的觀點。

勤創作。

　　檢視這些圖表，你可以看到這些次元的一些基本結構。我們前面已經討論到第五次元，現在我們可以繼續來看看第五次元以上的其他次元 **。

第六次元到第九次元

　　第六次元是我們夢中經常會去的地方，這裡會為你的渴望顯現結構及形態，也保存著地球上所有基本結構的模板──比如 DNA、幾何學、光語（light language）***，是第三次元所有成熟表達與經驗的基礎。對你來說，你已經體驗夠了第五次元的個體存在狀態，準備好要開始在第六次元以群體方式來表達。不過在這個次元中，群體結構還沒有達到完善。但你可以開始在這裡認識其他版本的自己，以及認識到你留在他人身上的影響。

　　第七次元是直接從源頭而來，但具備了物質層面的精準特性。在此可發現群體表達（group expression）的基礎，因此這是一個人能夠體驗獨立及分離性的最後一個地方。在第七次

** 關於所有次元的更多資訊，可參見我的書《超越生命之花》。

*** 編按：光語是宇宙的語言，不同的光語有不同的振動頻率與能量，這一類的語言能跟光契合，引導光進入你的身體，進行訊息傳輸與療癒。

元，你會感受到與意識產生了極為美好的情感連結，並藉由那些與你相似的靈魂表達出來；在群體中，這樣的情感很容易被表現出來。

第八次元浩瀚無邊，即便從第三次元的位置也很難全盤理解。在第八次元，已經不存在一個分離的自我。通常來說，當意識集中在這裡時，第三次元的自我會突然消失，生命力成為一種集體性的、合作性的整體。雖然還是存在著一個個群體，但無限的意識卻能彼此滲透。在這個次元，你會感覺自己更像是「我們」而不是「我」。

第九次元代表了不同群體的集體意識，包括行星、星系、銀河系及次元；然而，覺知是由外向內的，這種往內的導向創造出了集體意識，就像人體的各個部位形成一個整體共同運作，從而再組成一個偉大的系統。

第十次元到第十三次元

第十次元是創造基礎的存在之處。它們的能量是如此巨大，超出了我們最初的理解能力。這裡是神聖藍圖形成的地方，也是以羅欣、其他神聖存在及系統的出處。第十次元是最完美的原始碼。

第十一次元是一個充滿期望的美好所在。在這裡，概念比

形式更鮮活、更有生命力。上帝的各分離部分在此成為整合覺知，並被保留在這個合而為一、和諧共享的環境中。這個次元令人狂喜到無法形容，我們也是在這裡找到阿卡西紀錄。切記，阿卡西紀錄是一個隨時都在轉移及改變的場域，即使我們以「紀錄」這個意味著永久性的用語來稱呼它，但它更像是一個活生生、會呼吸的生態環境。這個次元也是大天使麥達昶（Lord Metatron）及數學碼（包括所有現實版本的遺傳密碼）的所在地，還可以發現一種類似性高潮發生之前的亢奮感覺。一旦你經歷過這個次元，必然會判若兩人，不再是以前的那個你了。

第十二次元是純粹意識（Pure Consciousness）與意識之光（Light Consciousness）的所在。其境界與次元本身緊密相連，以至於毫無任何形式的分離及隔閡。對某些人來說，這個次元是創造的終點。

第十三次元以統一意識（Unity Consciousness）開展在我眼前，也是一個新的起點。我曾經體驗過這股能量，在這裡，任何非上帝的想法都會造成痛苦，這是無法想像的一種經驗。在這個次元，愛是所有一切的本質，即便如此描述，仍然不足以形容其萬一。

辨識各個次元的特質

體驗多重次元的方法之一，就是讓自己完全放空。當你在冥想時忘卻所見及所做的一切，就可以到達一個沒有參照點的高度。你所體驗及理解周遭世界的方式不斷在改變，而「忘記」正是心智處理這種超負荷的另一個方法。你正打算去做某件事，然後你意識到忘記了正在想的事，並擔心這件事可能很重要。然而，這種忘記的時刻，正是意識可以完全脫離這個版本的現實，進入另一個現實版本的理想時刻。

每一個這樣的時刻，都是脫離小我掌控機制的一種形式。如果這種情況最近常常發生在你身上，不妨思考以下這個事實：你可能跳到其他次元了，而你只是還無法讓自己的意識同時留在兩個次元之中。

多年來，透過這類教學，我接收到大量的訊息；但我仍然發現，最強大的理解能力仍是來自使用下面的三個表格，它們可以幫助你總結及體驗每個次元的特性。你也可以在我的另一本書《超越生命之花》找到其他的相關資訊。

表 9.1　低層創造：第一到第四次元

次元	存在狀態	可以在這裡找到……
第一次元	專注內在（內部聚焦）；自我覺知；上帝的旨意。	自我覺察點
第二次元	專注外在（外部聚焦）；點與線；單一表面（像一張紙）；上帝的智慧。	認知到自我與他人的關係導向；開始出現二元對立。
第三次元	專注內在（內部聚焦）；以物質為基礎；活躍的智能；奉獻上帝；將個體與神性融為一體，學習傷害與療癒；來自更高次元的聲音與顏色從人體散發出來，並調和及重塑為一種有作用的模式、儀式以及行為。 目標：藉由物質與差異的整合，平衡二元對立的經驗；以物質為基礎。	創造人間天堂；來自其他次元的投射；善與惡的戲碼；二元對立的意識；數字與關係的出現，譬如 π（pi）與 ϕ（phi）的無理「常數」，成了物質創造的基礎；因渴望上帝而產生的孤獨感，讓二元對立意識成為真理，偶爾會有逃離第三次元、進入天堂的渴望。 目標：努力達到平衡，並利用這股渴望去創造人間天堂！
第四次元	專注外在（外部聚焦）；主要來自第四次元的元素王國；純粹的神性（藝術、音樂及文化）；元素王國的投射（地精、小仙子、精靈、魔法）。 目標：學習平衡靈性世界，以情緒為基礎。	易變性極高的次元。往上移動到第五次元；往下移動到星界層，這是充滿誘惑的地方，很容易就陷入在這裡或卡在這裡，二元對立的力量仍在運作。

表 9.2　中層創造：第五到第九次元

次元	存在狀態	可以在這裡找到……
第五次元	專注內在（內部聚焦）；基督意識；光體；神的證據（科學）。 目標：透過高我來平衡全方位的自我；達到人類的完美境界；以靈性為基礎。	第三次元標準所定義的天堂；我們所知的完美；極樂；完美的投射；完全合而為一；意識到更偉大的存在狀態；包括集體意識。
第六次元	專注外在（外部聚焦）；和平與理想主義，所有的符號語言都被用在這裡；個別的身體仍然存在，但壽命比在第三次元要長得多；運用梅爾卡巴與其他神聖幾何去支持創意及創造力，並整合所有目的；控制身體的物質面，重塑為思想；以群體方式移動；以群體為基礎。	顏色、光、音樂、幾何學及DNA模板（所有物種的模式）；與他人共同創造；形態的創造，在睡夢中進行；意識從思想中被創造出來，只有在它想要時才會有形體。
第七次元	專注內在（內部聚焦）；從源頭顯化；透明的光；清晰的音調；清楚的幾何及純粹的表達；像魚群一樣，各自獨立卻又全體移動，以群體表達為基礎。	無限精準的地方；感知到我是一個「個體」。
第八次元	專注外在（外部聚焦）；群體心智；群體靈魂；感覺更像是「我們」而不是「我」；意識以「我們」（像移動的魚群）等群體為中心；集體＝一顆心、一個心智、一個存在；以群體意識為基礎。	規模之大，超乎第三次元的理解；若從第三次元直接進入此次元，會很難保持完整的意識（在這個次元中，可能會睡著或暫時失去知覺或記憶；身體的基本機能會「關閉」當下及以後的所有活動）。
第九次元	專注內在（內部聚焦）；行星、星系、銀河系以及次元的集體意識；不同群體的集體意識；以集體意識為基礎，浩瀚無垠。	內在覺知遠大於外在覺知（個體是複雜整體的一部分），一切都遠遠超出我們現在的意識所能理解的。

表 9.3　上層創造：第十到第十三次元

次元	存在狀態	可以在這裡找到……
第十次元	專注外在（外部聚焦）；新計畫成形；以創造為基礎的存在；以物質為基礎的創造。	神聖藍圖、建構部件及個體感（但程度不及第五次元）。
第十一次元	專注內在（內部聚焦）；是過程而不是存在；一個充滿期望的地方；為行星、銀河系及整個星系帶來光、大天使麥達昶、天使長、阿卡西紀錄；阿卡西紀錄是活的！以充滿生產力的構思（期望）為基礎。	與愛結合的環境（對上帝不同的愛讓人狂喜到無法言喻）；創造前的點／強烈期望的狀態（知曉創造的迫切無法抗拒）；與潛能的結合，宛如受孕前的亢奮。
第十二次元	專注外在（外部聚焦）；全體合而為一的意識、力量、上帝、一種光；沒有分離及冗餘；體驗上帝的能力；以光之意識為基礎。	回歸到一個點，所有意識都知道自己與所有一切都是一體的，任何形式的分離都不存在；因為得知你真正是誰而永遠改變或被觸動了。
第十三次元	專注內在（內部聚焦）；以統一意識為基礎。	愛是所有一切的本質！慈悲無所不在。

各個次元的運作基礎

　　每一個類別都會有一個運作基礎，這意味著，每個次元所覆蓋的部分都是由這種基礎所支配的。第三次元以物質為基礎，第四次元以情緒為基礎，第五次元以靈性為基礎，第六次元以群體形式為基礎，第七次元以群體表達為基礎，第八次元以集體意識為基礎，以此類推。

　　想要理解這一點的方法是，意識到我們即便不了解，也已

經在這些架構中運作了。比如說，創辦「反酒駕母親聯盟」（MADD）的婦女在現實中有過親身的經驗——女兒死了；然後，她必須處理自己的悲傷情緒，而這就創造出了一個情緒基礎。接下來，由於痛失愛女的經歷，讓她找到了幫助他人的人生目標，並藉由昇華這個經驗而幫助他人。

接下來，她成立了一個組織，該組織發展出自己的表達方式，包括在國會發表演講。於是，「反酒駕母親聯盟」成為一種象徵或意識，並建立起夥伴關係（例如與美國汽車協會結盟）及本身的文化。在最後階段，MADD創造了無數的夥伴關係以及一種廣為人知且被廣泛接受的集體意識。

當你進入第十次元至第十三次元的上層創造時，類比會變得更加深奧、更難以理解，但是它能讓你意識到，你極可能同時在多個次元追求進步。當你檢視自己的生活、什麼讓你感興趣以及你如何透過這些興趣來表達的時候，就可以開始認識到這一點。

大多數人不是處於偶數次元，就是處於奇數次元。奇數次元是內省的、由外向內的，而偶數次元則傾向於往外擴展的。另一個看待次元的方式是，每一個偶數次元都具備了行動力的特質（或男性特質）；相較之下，奇數次元則傾向於內省及包容性（或女性特質）。當你開始意識到大宇宙與小宇宙之間有多麼相似時，所有一切都會讓你感到興奮。

超越第八次元的一次體驗

我有一位保加利亞的朋友及研討會主辦人，給我寫了一封動人的電子郵件，確認了關於體驗更高次元的某些訊息。

「今天是一場稱為『聖者啟蒙』（Mahatma Initiations）高級進階研討會的第一天，我們進入了你稱之為第七、第八及第九的次元空間，體會到無邊無際的愛。我們清除了舊的創造、模式、意圖，以及所有不再適用於我們的現實。最後，我們建立起一個充滿富足、繁榮、愛及光的計畫，感知到純粹的、至高無上的喜樂。在那之後，我讓參與者自行去展開他們的計畫。

「有個女人在冥想結束時失去了意識，她坐在椅子上，沒有呼吸及脈搏，她的身體呈現胎兒在母親子宮內的姿勢；後來我們『喚醒』了她（所以沒有出事），而她告訴我們，她打算回到源頭，去體驗純淨的金色光芒以及深刻的愛，除此之外別無他物，包括想法或念頭。她說，她在這個創造中無所不在，這種感覺持續了數小時之久。我告訴你這件事，只是再次證實你先前說過的情況：如果心智漫遊於第八次元以上，身體的基本機能就會關閉。別擔心，這種情況並不可怕。當時我們都很冷靜，而那件事發生後，我們談起的也只有愛。」

次元轉換

為了幫助你理解次元，接下來舉一些例子來說明，讓你知道意識到多個次元時可能會有什麼樣的感覺。這種情況可能會以各種不同的方式發生，你可能會感知到在此之前從未感知過的顏色、聲音及氣味，或者你可能會產生一種不尋常的「宇宙空間」感！很久以前，我有一次不小心味精中毒，感覺就像離開身體一樣，與現實完全「脫節」。你的感受可能有點像是這樣。即使你是坐著的，如果覺得自己彷彿重心不穩、需要穩定自己的平衡時，那麼極有可能你正在經歷次元轉換。

聽見聲音

有些人當下會聽到一個響亮的聲音隨著異樣的感覺而來。放心，這也是你新常態的一部分。事實上，這就像你正在搬一張沉重的桌子上樓梯，你會停下來保持好平衡後再重新爬樓梯。想像一下，有幾個能轉換、改變或甚至執行的強勢靈魂，正抬著一張沉重的桌子上樓，一次爬幾階樓梯，然後暫停下來休息片刻，接著再繼續轉換、改變。你所接收到的響亮聲音就是那個「錨定」的訊號，告訴你所有的轉換正在發生、沒有問題，並且可以繼續前進。

看見亮光

在我的圈子裡，有些人也會看見亮光。一個特別的例子是，有個女人睡覺時，把房間的遮光窗簾全部拉上，半夜醒來時卻看見黑漆漆的臥室內出現了明亮的光球。一開始她很害怕，她可以斷定所看見的景象並非房間內的任何物件，還特地跟我確認這件事。我也看過這些光球，你可能也一樣，至於為什麼會看見它們，原因可能會讓你大吃一驚。

這意味著，你人還在第三次元時，就同時偵測到或看到第五次元版本的自己；歡迎來到第五次元！白天時，你眼角瞥見的亮光，也是一個常見的經驗（這跟飛蚊症的症狀不同，那是眼睛老化引起的）。當你注意到這些存在時，它們其實已經存在好一段時間了，你可以跟它們點頭微笑，歡迎它們，然後說：「如果你來自光，我邀請你進入我的空間，為我以及周遭的人提供服務！」這麼做，會在當下打開你的智慧頻道。

第**10**章
進入多重次元並活化高階脈輪

你身上的脈輪是輪子、門戶及能量中心，是接收器及發射器，有多種用途。大量的文獻都提到了七大脈輪系統，十分值得一探究竟，但在這一章中，我的目的是幫助你了解、開啟及活化你的高階脈輪（即第八到第十二脈輪）。活化這些高階脈輪可以打開通往靈性天賦的道路，那原本是佛陀的境界。事實上，佛陀的意思就是覺者或開悟者。

所有脈輪都是可以開啟且被運用的。在此，我們會先扼要介紹每一個高階脈輪，讓你知道它們的作用以及要如何連結它們。就像次元一樣，這些脈輪也會輪流處於向內專注（內部聚焦）與向外專注（外部聚焦）的狀態。對第三次元的你來說，脈輪主要是以向內或向外的方式表達：在男性身上，海底輪、臍輪、喉輪、頂輪是陽性或向外的表達；在女性身上，上述這些脈輪則是向內的表達方式。

脈輪未必會按照順序打開，但它們會彼此刺激，在所有層次上逐漸被喚醒。同時，當一個脈輪打開後，在它下方的脈輪

也會被補充能量，因此學習曲線會急速攀升。你們之中有些人已經可以不用藉助外力或覺知，就能打開並活化上層脈輪；其中可能有人是揚升大師，在學會以更高頻率運作時，逐漸釋放出這些高階脈輪的能量。你已經可以完整運用這些脈輪，但通常你會選擇緩慢地提升自己，以免給自己或他人帶來麻煩。

如何活化第三眼？
讓松果體帶你進入不同次元

在我們正式探討高階脈輪之前，有必要先對松果體與眉心輪（the third eye chakra，俗稱第三眼）有點認識。二十世紀的靈媒與醫學先知愛德加·凱西（Edgar Cayce）曾說：「保持松果體持續運作，你就不會變老……你將永保青春。」*

如果你很重視發生在身上的這些活化作用及流經全身的能量，就會謹慎地做出選擇來改善結果。下列建議只是幫助你了解程式設計師的一句老話：「垃圾進，垃圾出。」盡你所能地把這些與生俱來的禮物送給自己，朝著這個方向的任何轉變都會對你有幫助。

---

* 這段話引自愛德加·凱西提供的一份資料，其中資訊來自凱西的通靈過程。由於許多以前的讀物都提及松果體對通靈經驗的重要性，所以維持松果體的正常運作當然是合理的要求。

1. 避免使用含氟的水。含氟的水會造成松果體鈣化，從而停止活動。

2. 避免食用小麥、麩質及糖。這些食物會讓高振動的表現慢下來，在某些情況下，甚至會完全限制這些表現。

3. 清除飲用水中的重金屬、汞、鋁及其他毒素，並讓身體排出這些金屬毒素。有許多方法可以做到這一點。

4. 每天冥想，養成練習冥想的習慣。如此一來，當你有一天跳過練習沒做時，就會渴望去補做。

5. 選擇有機食物或盡可能採用生機飲食。

6. 每天運動。

7. 曬太陽。想了解更多關於維生素 D 與曬太陽的相關資訊，可以查看另類醫學專家及知名家庭醫師約瑟·摩卡拉（Joseph Mercola）博士的網站[1]；以及參考皮膚科醫生理查·衛勒（Richard Weller）博士關於曬太陽有助於心臟健康的 TED 演講[2]。

8. 規律的睡眠。許多人都會忽略睡眠的一些重要細節，並視之為必要之惡。然而，從運動團隊到商業人士都了解，睡眠可以改善各方面的表現[3]。

以上的每一個主題，都有許多資訊可以取得。這些基本建議，將使你更容易進入第五次元，並保持在第五次元的狀態。

一旦你對自己做出這些新的承諾，就會開始辨識並注意到你的潛意識心會提供你一些線索。

透過第三眼與神連結

有些時候，你可能會開始認真地質疑發生了什麼事。每個人都有能力透過第三隻眼以及中央脊柱的普拉納管開口，直接與神建立連線。在這個過程中，有些人會體驗到能量流快速打開並直接衝向松果體，就像身體裡正在發生一場大事一樣。在古老的東方傳統中，這類事件有時會被稱為「昆達里尼覺醒」或「拙火覺醒」（kundalini awakening），但一般只會發生在靈性導師身上。然而時至今日，這種經驗可能會發生在任何人身上。事實上，這可能是為了喚醒即將踏上靈修之路的你。

一開始，如果你不知道發生了什麼事，可能會受到驚嚇。當這個過程發生時，你可能會感受到流經普拉納管的能量流大幅增加了。最神奇的一點，就是你會開始意識到，你每天都在釋出及傳播你的能量。知道這一點後，你就能有意識地選擇是否要收斂心神。

加深你對流經體內能量的覺知，這樣做會帶來非常強大的效果。大多數人都以為，我們是經由大腦來接收訊息；但現在，就我所知，我們的大腦只是抓取由心所傳送及接收的訊息，然後再為我們分類及解決。

心輪的能量時時刻刻都在變化，只要你多加關注就能覺察到這一點，而且許多人會主動在這個部位儲存訊息。聲音治療師及靈性導師湯姆・肯楊（Tom Kenyon）的白金鍊金術（White Gold Alchemy）[4]，是你展開這個練習的方法之一，從引導冥想開始，他會一步步教導你如何啟動從心通往松果體的能量通道，從而打開你連結高我的途徑。

活化心臟部位的十二面體

在心臟周圍形成了一個十二面體，用來接收更高次元的訊息。這個十二面體的接收器也是一個交流門戶，可以跟其他次元的神聖互通訊息。在日常活動中，當我們的心智安靜下來時，比如在大自然中徒步旅行、安靜地洗碗或是冥想，都可以打開這個交流的管道。有很多方法可以打開我們的心，其中一種方法就是連結上高我，但有時候也可以透過其他方式，比如我們的心承受重大打擊（就像有人朝著心臟揍上一拳）。

當你被熟人、所愛的人或那些你期望他們能做得更好的人所傷害及打擊時，你沒有想到自己會如此失望，這也是為什麼這樣的打擊會讓你做出真正的改變、轉換、放手或敞開心扉。所有這些作為或是其中之一，都是你的心備受打擊的結果；而打擊的最後一個階段，就是讓你把心打開。

不實資訊到處都是，如何提防？

不管是在健康、商業或新興的靈性領域，都充斥著大量的不實資訊。你可以去看看維基百科上對於順勢療法（homeopathy）的解釋，然後透過微軟的必應（Bing）搜尋引擎查看它的定義。事實上，你會發現所有領域中都存在著不實或虛假的訊息，而且毫無疑問，相信你自己也已經發現一些這一類的資訊。想想看：倘若你沒有辨識能力，怎麼知道某個藥物、治療或療法是正確的？你怎麼知道如何應對自己及家人的各種情況？答案是：你必須運用你的高我。

在團體中與他人一起合作，可幫助你發現有些訊息對任何人都不適用，因為團體中的每個人都從自己的指引者那裡獲得類似的指示。凡是你感覺不對勁的事，或是你的學習團體會產生疑慮的事，都要持續去質疑，不能輕信。

有時候，散播不實資訊的人可能不知道自己成了傳播這些訊息的媒介。辨識不實資訊的能力，是進入第五次元的首要之務；好消息是，一旦你成為第五次元並保持在第五次元的狀態，就能輕易看出不實訊息的真面目。

連結高階脈輪

　　第五次元的覺醒，將會帶給你連結高階脈輪的能力。當這些脈輪被打開並充滿能量時，可以期待會有以下的跡象發生；同時，由於你已經能夠連結上高階脈輪，因此可以透過流經脈輪的能量特性，來判斷這些高階脈輪是處於打開或正在打開的狀態。這些高階脈輪提供給人類的訊息，是人類無法經由五感接收到的；你可以透過這些高階脈輪向宇宙發出訊號，表明你已經準備好要邁向更高的次元及更高的頻率了。

第八脈輪

　　這個脈輪位於頭頂上方。當你打開第八脈輪時，頭頂上方可能會有刺痛感或壓力。第八脈輪的目的，是讓你能夠連結上你的進化版本，成為第五次元的人類。這個脈輪是上方門戶的誕生通道，從而催生及啟動五個神祕脈輪與五種神祕射線。這五個神祕脈輪分別位於手掌、腳底以及脾臟或胸腺附近，當你用雙手去做跟能量有關的任何事情時，會把負能量轉回來；而雙腳的神祕脈輪會將你牢牢固定在零脈輪（zero chakra，詳見278頁）上，並與地球能量建立連結。至於五種神祕的射線，則透過右腦來固定。脾臟的神祕脈輪，則可藉由哺乳方式來傳導。深藏在這些神祕脈輪中的力量，可以療癒並幫助人類與地

球。彩虹的白光與黃光中也包含了這五種神祕射線,當你打開第八脈輪時,這些神祕射線就會自然而然地被活化。

第八脈輪又被稱為「心的密室」,會讓你打開心去迎接無條件的愛。這樣的愛是如此巨大,以至於你對所有生命都能慈悲對待,所以這種愛也被稱為「神聖之愛」。神聖之愛現在就可以流經你全身,代表你與所有生命之間有了聯繫。當你對他人、各種情境或環境的慈悲心與關心逐漸增加時,你的第八脈輪也會隨之被活化,反之亦然。這意味著,當你從事有助於打開或觸動這個脈輪的冥想及其他活動時,就會越來越容易慈悲地對待你的人類同胞。

這個充滿能量的門戶,能夠大幅提升你的覺知,讓你得以超越物質存在的狀態,並創造出內在的平靜感以及與他人的內在連結。這種內在連結,早已存在於動物界,古羅馬博物學家老普林尼(Pliny the Elder)首先在海豚身上發現到這種連結,但現在,也能用來描述人類身上所具有的一項特質,我們把它定義為「沒有利害關係的友誼」。

無論你走到哪裡,都可發現陌生人之間的這種美好友誼,這在以往幾乎是不存在的。有些人說這是業力使然,但實際上,因果與業力已經不復存在了,這是因為進化到現在的人類已經免除了業力所施加的束縛(參見第四章)。我鼓勵你大聲宣告這個新的傳承:不再有因果及業力!

人們正在以許多方式去體驗第八脈輪的存在，對我來說，我看到的顏色是螢光紫及帶有金色光澤的綠色，而新位置是在頭頂上方；不過有些人會覺得，第八脈輪位於他們的心輪及喉輪之間。

第九脈輪

當你打開並活化這個脈輪時，會開始意識到你真正的宇宙藍圖是什麼。在某些傳統中，第九脈輪指的是因果體（causal body）的能量；因果體儲存著你的生命藍圖和累世的經驗，因此也被稱為「天堂的倉廩」（storehouse in heaven）。第九脈論通常被描繪為圍繞著因果體的球形彩虹，可以幫助你療癒心靈創傷，讓你開始掌控現世的世界，並建立你與太陽及太陽系的連結。第九脈輪可以說是多重次元的一個進出門戶，當它打開時，可以為你帶來富足、提高覺知，並與你的時空連續體產生連結。透過第九脈輪的開口，你可以親眼見證許多個不同版本的自己。隨著你越來越頻繁地進入這座宇宙殿堂，你將會更容易與宇宙連結，內在智慧與外在智慧也將同步成長。

第十脈輪

第十脈輪是你在所有前世所學得的能力與技藝，它會與銀河系中的大中樞太陽系（great central sun system）產生共振。

當這個脈輪打開時，你會獲取來自前世的特定技能，這是其他人無法輕易擁有的天賦；同時，你還可以準確地蒐集訊息，連接自己的智慧通道，並清楚聽見你的天使及指引者的智慧話語。這些活躍的能量，都是在反映你前世的學習成果。

在那些已經是揚升大師的靈魂中，第十脈輪的開啟很早就發生在他們身上，甚至是成年之前。他們意識到，自己能夠做到別人無法做到的事。由於他們具備了前世的才能，因此這一世往往態度謙遜，孩提時就確立了特定的生活經歷，以確保自己不會落入小我的窠臼中。舉例來說，他們可能會有異常嚴格或苛刻的父母或兄弟姊妹，扮演著「克制」他們的角色。由於他們只知道愛，因此這樣的家庭不會影響到他們，反而能訓練他們去幫助及理解別人，並保持謙卑。相反的，一個童年過得不好且有自戀傾向的人，則是處於求生存的模式之下，這樣的人眼中無法只看到愛，這與為了幫助人類轉變、具備前世能力而重返人世的人截然不同。

第十一脈輪

要接通第十一脈輪的這道門戶，通常是透過你對神聖的虔誠奉獻。以物理術語「共鳴」來理解，我們可以說這道門戶與整個銀河系就像一個生命實體般會產生共鳴或諧振。所有的理解都是你的，日常生活中，你不再需要靠二元對立來運作，所

有的決定都輕鬆、從容不迫地進行著。隨著這個脈輪的開啟，充滿了和平、真誠的神聖之愛，因此你會開始進入一種圓融及滿足的狀態。

　　想要有足夠的動力去打開及活化這個脈輪，你要把覺知放在地球之星的脈輪上（參見 278 頁），如此一來，你就能完成你的計畫與使命。這個脈輪可以視為你的「魔毯」，因為只要啟動它就能帶你做時間旅行、同時存在於兩個時空、讀取他人的能量，以及擁有無中生有的能力。或許你曾聽說有瑜伽士能夠變出聖灰（vibhuti，一種白色粉末）或珠寶；事實上，一旦你掌握了這個能力，就可以立即變出任何東西。

第十二脈輪

　　開啟這個脈輪可以讓你完全接通你的神聖自我，有些人還可以確實地創造出直通上帝的管道，物理學家及發明家尼古拉・特斯拉（Nikola Tesla）就是這樣的人物。第十二脈輪可幫助你完全展現與生俱來的天賦與能力。不過，在這個脈輪被完全啟動的狀態下，你未必會注意到這些與生俱來的技能有何不同，因為此時的你已經擺脫評判與執著了。

地球之星：零脈輪

　　零脈輪就位於你的雙腳之下，通常被稱為地球之星脈輪（Earth Star chakra）。它的目的是讓你與大地之母建立深層連結，體驗到自己與地球的福祉本為一體。這是一個全新的脈輪，沒有來自其他時期的垃圾、殘骸等包袱，阻擋或妨礙你與這個新地球的真正連結。

　　這個脈輪也讓你成為地球新願景的一部分，光是讓你能夠與地球保持連結，就是它一個非常重要的功能。

　　當你擴展與上層的連結時，能夠同時保持著與大地之母的連結非常重要；這意味著，當你在冥想中擴展覺知時，你仍然會安住在肉身之中。這對進入第五次元的你來說，是一種全新且獨特的方式。以往，要進入「高頻率的振動狀態」，唯一的方法是在靜止不動的冥想中關閉所有的身體機能。想當然的，這種靜默式的冥想可以活化所有的能量中心（脈輪），並讓它們全部對齊排列，透過校準它們的振動頻率來彼此連結與進行療癒。現在，你也可以逐漸在清醒及行走時保持這種狀態。換句話說，你可以同時維持你與神聖及世俗的連結！

　　你與地球之星的連結可以讓你安住在肉身之中，同時又讓你能夠連結上神性自我，尤其是在活化上方的脈輪之後。地球之星這個脈輪，是你跟整個地球建立連結的通道。這個新的心

靈中心，讓你得以接近地球上真正在發生的事。當你打開這個
門戶後，可以協助地球的療癒。這個脈輪被置放於適當的位置
供你所用，讓你一方面安住在肉身之中，一方面又保持著開悟
狀態。你也可以藉由清晰的意圖來安撫地球，幫它「冷靜」下
來，逐步解決地球上的紛擾及氣候問題。

冥想：將心智、身體與靈性協調一致

　　我們的心能夠感知到的訊息，不同於心智所接收的訊息，
要彌補這兩者之間的落差，冥想是至關緊要的工具。即便是大
通靈家愛德加‧凱西也教導冥想，在他的解讀（281-41）中提
到了冥想：

　　　　冥想不是沉思，也不是做白日夢；而是當你發現身體
　　是由身心靈三方面所組成時，冥想就是把心智體、身體調
　　整到跟靈性源頭一致的方法。

　　正念冥想（Mindfulness meditation）是現代最時興的一種
冥想，可以清空心智、為「虛無」（nothingness）騰出空間。
正念的用處極大，因為它能幫你準備好去接收宇宙的無限資
源。如果你的心智始終忙於分類、分析及檢視，就無法為自發

性的知識騰出空間，所有偉大的思想家都明白這個道理。許多世界上最偉大的發現，都是在做夢或冥想時靈光乍現的。在接收前所未有的新想法及創意發想方面，正念冥想都扮演著重要的角色。這種冥想形式的最後目標，就是讓冥想者培養定力，達到平心靜氣、心如止水的境界。

正念已有廣泛且充分的研究，科學也不斷證明正念可以產生驚人的正面效益 [5]。所以，千萬小心你的念頭！你的心智會把你當成人質，讓你聽從它對你所有經驗的解讀。當你不再固守著小我根據心智訊息所建造的要塞時，就能敞開自己去接收心要傳達給你的訊息，並成功地進入第五次元。一旦你把注意力放在此時此刻，你的覺知是無遠弗屆的。人類正在被賦予越來越多的精微能量，因此你的冥想將會越來越輕鬆，也越來越有意義。

正念不是唯一的冥想方法，引導冥想也非常有用，可以讓你創造出某種能量場，一旦跳過這個練習，就無法創造出來這樣的能量場。我們在第二章曾經提到的梅爾卡巴冥想，就是一種強大的冥想法。如果你已經有能力做梅爾卡巴冥想，我強烈建議你不要錯過（參見書末的「相關資源」）。現在，還有一種更進化的梅爾卡巴冥想，可以活化高階脈輪，使你能更容易獲取及利用這些能量。高階脈輪一旦被活化，就能有效使用這些能量，在冥想中帶領你前往一個更先進、層次更高的地方。

這絕對不是空口說白話，第五次元的梅爾卡巴會幫助你與一個擴展的能量場連結，加長你的普拉納管，將你的能量場集中起來，帶你到達更高的意識場域並連結大地之母。這種擴展讓你可以調整頻率與大地之母連結，同時大地之母也會調整頻率與你連結。這意味著你會成為解決方案的一部分，學會「像大地之母一樣思考」，也就是以一種兼顧自己及地球福祉的方式去思考。此外，這也幫助你接通並調整頻率，以連結上最進化的自我版本。

意識載體：梅爾卡巴

二○○七年五月，一種能夠同時連結所有宇宙的載體，從巨大的寂靜中出現並穿越多個次元（就像穿越空間中的一個蟲洞）進入我們的實相中，為第三次元的存在層次引入了一種新的能量頻率，讓我們得以移往第五次元並保持第五次元的頻率——這是可以在我們邁向新世界時，推動我們前進並支持我們的頻率。

從那時起，第五次元的梅爾卡巴就被植入到這個存在層次，讓人類得以連結及持有第五次元的能量。這個載體一開始是藉由一道介於神與人之間、稱為彩虹橋（Rainbow Bridge）的光束，穿越宇宙邊界而來*。為了此目的而創造

出來的神聖幾何，這個載體先後貫穿了昴宿星（Pleiades）及大角星（Arcturus）^{**}，形成一個直角，從而創造出一座金字塔。彩虹橋的能量被固定在美國的三個地方（目前尚未公開）；而第八與第九光之主（Lord of Light，更高次元的存在，沒有個別名稱或身分）所帶來的新顏色，則為這個世界添加了晶瑩剔透的藍綠色與洋紅色。當彩虹能量被嵌入這個網格的中心水晶時，會從這個中心水晶往外輻射到那裡的所有水晶，然後沿著結晶點移動並延伸至無限。許多人都曾經在彩虹及各種觀想中看過這兩種新顏色。第五次元的所有顏色都是透明的，有如水晶般剔透。

這種能量經由昴宿星往下延伸，而昴宿星是調諧這股能量的必要關鍵。凡是能夠調諧並攜帶這股能量的人，就能管理好這一次的啟動。在那一刻，第五次元的能量播下了啟動第五次元梅爾卡巴的種子；而如今，種子被植入這個存在層次，讓人類在進入第五次元的揚升過程中，得以與之建立連結並獲得支持。

---

* 把彩虹視為通往神聖天界的橋梁，常見於世界各地的神話。《彩虹橋：藝術、神話及科學中的彩虹》（*The Rainbow Bridge: Rainbows in Art, Myth, and Science*）的作者小雷蒙・李（Raymond L. Lee Jr.）及弗雷澤（Alistair B. Fraser）發現，這個概念出現在祖魯人、納瓦荷人（Navaho）、夏威夷人、日本人、柬埔寨人、希臘人、澳洲原住民、丘馬什人（Chumash）、霍皮族（Hopi）及北歐的神話中。

** 牧夫座（Boötes）的大角星，是北半球天空中最明亮的一顆星，目視星度為 –0.05，也是夜空中第四顆最明亮的恆星。

第五次元梅爾卡巴冥想法

具有多重次元特質的第五次元梅爾卡巴冥想法，以一種強大的新方式開啟並推動你邁向第五次元之路。在你能夠護持住第五次元的梅爾卡巴之前，需要一個活躍的第三次元梅爾卡巴。如果你目前尚未啟動或從來沒有試過梅爾卡巴十七式呼吸法，在接受挑戰之前，建議你先學習這個呼吸法，並聽從你的內在指引。

第五次元梅爾卡巴冥想法可以與第十四式到十七式的啟動梅爾卡巴呼吸一起做，這些能量都仰賴並奠基於第三次元的幾何能量，並將它們擴展至前所未有的高度。第五次元梅爾卡巴冥想法可以比喻成孩童玩具「變形金剛」，只要幾個扭轉、彎曲、延伸，就成了一輛先進的車子。同樣的，這個冥想法還提供了巨大的力量去推動靈性之旅，讓你可以前進到比你所想像的還要高的境界。

有了這個新載體，你現在可以前往比第三次元及第四次元更高的境界，穩定地保持在第五次元的狀態，甚至接通第六次元。在啟動及活化的過程中，會出現一個直立的沙漏（形狀像二次元的數字 8，是一個扁平、不完整的版本）；沙漏下方的迴圈會吞噬你目前的第三次元存在，中間的交叉點是進入第四次元的產道，並推動你前進至第五次元的新存在，接著你就能

觸及第六次元。在這個冥想中，我真真切切地體驗到它就是一條產道，可以看見女性的外陰部，或說是藝術家喬治亞·歐姬芙（Georgia O'Keeffe）畫筆下如女人陰唇的美麗百合花。

這種由更進化、扎根更深的梅爾卡巴所產生的擴展能量，將會活化第八、第九、第十、第十一及第十二脈輪，並越過你目前跟高我的連結去汲取神聖能量。此外，通過這個門戶讓你打開了一個入口，從你的第八次元版本取得能量的工具。

正確執行且經過適當準備，這個新的冥想法幾乎總能改善你正在做的其他冥想與靈修，提高你的滿足感及宇宙能量流，並釋放出更新的 DNA 頻率以便在體內複製。一旦你開始練習這個新冥想，很有可能就不會中斷，因為在創造實質改變這方面，它藉由擴展真正的你而變得極其強大！的確，許多冥想者會發現，他們大約每隔四十八小時就會想要練習這個冥想，因為它是通往新曙光的工具，他們「不想錯過練習」。根據我個人的觀察，即便不是典型的冥想者，一旦學會這個冥想並規律練習，身上自然會散發出發自內心的幽默感、善意及喜悅！

此外，當第五次元梅爾卡巴被啟動後，認真的學生就能看到來自因果體的細絲。因果體是你在天堂的寶庫，意思就是你前世今生的所有成就、記憶與經驗都存放在這裡；而這些細絲是強大的宇宙針狀射線，可以用來強化地球。這些光束非常細小，無法被測量到，但有些梅爾卡巴冥想者可以看得到它們。

梅爾卡巴冥想的信使選擇匿名，她的使命是讓地球及人類能夠保有它。信使把梅爾卡巴冥想傳授給爵士歌手雅妮絲・傑飛（Janiece Jaffe），她是一個美麗的靈魂、聲音的療癒者；而雅妮絲在把它帶來給我之前，已經醞釀了很多年。如今，我們三個女人一起把梅爾卡巴冥想帶給你。我們一致同意讓雅妮絲到我西雅圖的家裡，教導我們聲音療癒與多重次元梅爾卡巴的訓練。那次的訓練非常令人震驚，而所有冥想經驗與成果也讓我們感到敬畏。你也會發現這個啟動冥想（activation meditation）與語音啟動（sound activation），將為你打開道路，接通你的高階脈輪與層次更高的第八次元自我。

如何學習梅爾卡巴冥想？

你可以使用以下的圖文來學習這個冥想法，我們強烈建議你同時取得引導 CD 或下載 MP3（zip 檔，避免一般壓縮軟體造成的音訊失真問題）來幫你練習*。錄製的冥想過程，包括我所提供的十四分鐘音樂版引導冥想、知名神聖幾何藝術家恩德雷・巴洛（Endre Balogh）所繪的插畫 [6]，以及雅妮絲所提供的十五分鐘「語音啟動」。「語音啟動」非常強大，能夠釋

---

* 　如何購買 CD 或下載檔案，可查找書末的「相關資源」。

出及清除存在於低層次四體（包括身體、心智體、情緒體和以太體）的黑暗物質，擺脫把我們困在目前模式的這些物質後，我們就可以錨定在無形的網格中，來維持我們召喚而來的次元頻率。實際冥想時，會讓你知道所有細節，你只需要視覺化或想像它的動作即可，我們也提供了圖片來幫助你想像。

你從中創造出來的能量是不可思議的。幾乎每個做過這個啟動冥想的人，都出現了顯著的成果，其中包括看見某些鮮明的顏色、DNA 圖像以及其他影像，還會產生令人愉悅的身體感受；而其中一個特別的身體感覺，就是喉輪及頸部的淨化。跟著 CD 一起練習冥想時，許多學生都有頸部被拉伸、拉直的「淨化」感覺，同時還會感覺到椎骨正在自行移動、「喀嗒」校準；也有人反映說出現了其他的現象，比如視力改善、健康狀況好轉、心智更清明等等。有一位學生描述：

> 我在想像第五次元梅爾卡巴時遭遇到了一些困難，所以我把注意力放在自己的感覺上面。我感覺得到振動頻率越來越高，尤其是在「語音啟動」的過程中。雖然我沒能完全聽懂冥想的指示，也漏聽了幾句話（英語是我的第二語言），但感覺還是有差。過去幾個星期，我一直都在練習最原始的梅爾卡巴 II 十七式呼吸冥想法（17-Breath MerKaBa II meditation），並在加入第五次元梅爾卡巴冥

想前，一直持續練習不輟。這個冥想的確十分強大，令我震驚到無法言喻。

以下是引導冥想的完整錄音逐字稿，不過「語音啟動」部分必須聽錄音檔才能做，因此略過。

梅爾卡巴冥想法的練習

新版的第五次元梅爾卡巴冥想是為了利益你而示現，由莫琳‧聖傑曼錄製，雅妮絲‧傑飛進行語音啟動。理想狀態下，你正在練習的梅爾卡巴十七式呼吸法，是為了讓你準備好去啟動第五次元梅爾卡巴。你會知道自己是否需要做這個步驟。

※【練習】多重次元的第五次元梅爾卡巴

這是一個更先進、高度進化的第五次元梅爾卡巴，它會把你的心錨定在第八脈輪，活化高階脈輪的能量，並幫助你的心與心智保持開放，樂於接受更先進、更進化的自己。

錄音是從原始的古典梅爾卡巴最後三式呼吸開始；切記，要將來自地球及宇宙的無條件之愛，呼吸到你的心中。

1. 維持著同一個手印（如同第十四式呼吸，見圖 10.1）：兩手相疊，拇指碰觸。同時，冥想全程都要保持著有意識的普拉納呼吸——冥想時的深呼吸，想像普拉納從頂輪與會陰同時進入身體，往內流動而不是往外流動。

2. 現在，觀想你內心的生命之花是一個球體。事實上，應該說是多個球體：一個逆時針旋轉，一個順時針旋轉，還有一個同時往兩個方向旋轉。現在，當這三個球體合而為一地在普拉納管的同一根軸線上旋轉時，從你的高階心輪散發出光芒。現在，球體顏色變成帶著金色線條的藍綠色。

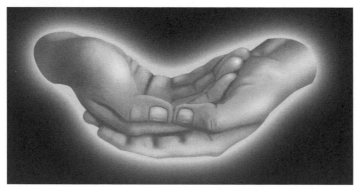

圖 10.1　梅爾卡巴冥想法的手印：禪定印

3. 接下來，讓球體慢慢擴展、變大、旋轉，跟你的胸腔一樣大。不要急，你需要多少時間就花多少時間，直到球體調整到適合你的完美大小。把你的覺知專注在下列字句上：允許、觀察、傾聽，

以及毫不保留的狂喜。

4. 邀請流動的普拉納能量來支持你的生命之花球體，緩慢地讓你的普拉納管飄浮起來——輕鬆、從容不迫地逐漸往上拉抬，先移到喉輪位置，接著是第三眼、頂輪，然後再繼續往上，直到頭頂上方的脈輪；最後讓這個生命之花球體停駐在第八脈輪的中央（見圖 10.2）

圖 10.2　生命之花球體位於頭頂上方第八脈輪的中央

5. 現在生命之花球體已經位於你頭頂上方的第八脈輪中央，這是一個可以直接連結到高階脈輪的位置。隨順這樣的狀態。

6. 在這個點上，你將會創造出一個數字 8 的能量流動，以及一個新的金色以太體映射在你的身體上方。你可能在整個能量場中觀察到上下盤旋的螺旋體，也可能體驗到上部及下部沙漏（數字 8）就像蛤蚌的上殼與下殼一樣（見圖 10.3）。

圖 10.3　數字 8 的能量流動

7. 你在第二次元創造出一個美麗的數字 8，並在第三次元創造出一個完整的圓形沙漏。數字 8 的能量流會圍繞著它本身移動，就像一個神聖的鈦羅斯管（tube torus）。這個鈦羅斯管建立在快速圍繞著本身旋轉的數字 8 之上，因為旋轉太快看起來就像是在空間中脈動，不是你能從第三次元的視角看到的。沙漏的底部與上部都有這種第五次元的移動方式（見圖 10.4）。

圖 10.4　數字 8 的能量流繞著自己旋轉

8. 讓你的覺知與能量中心保持在第八脈輪上，這是你內心無條件之愛的中心；現在，將注意力放在太陽與地球的四面體上（位於沙漏形狀的下半部）。

9. 同時往相反方向移動太陽四面體與地球四面體之中的兩個點。地球四面體的最低點，從腳底下的位置穿過地球四面體的中心，上升至沙漏的上半部，沿著普拉納管往上移動，越過所有身上的脈輪，繼續往上越過頂輪，再往上越過第八、第九、第十、第十一及第十二脈輪，固定在數字 8 沙漏的頂端。現在，你的普拉納管已經擴展到正常長度的兩倍多，延伸它一半的長度到你的頭頂上方。當這種情況發生時，你每跨越過一個門檻，就是逐步在啟動你的高階脈輪。

10. 與此同時，從原始太陽四面體的最高點往下移動，沿著它內部的普拉納管朝地球方向移動到沙漏底部，與零脈輪連接，並固鎖在大地之母身上。對大多數人來說，零脈輪是一個新的脈輪，當你引入這些往外擴展的連結時，它會幫你維持住你與地球之星的連結。

11. 注意，把旋轉的生命之花球體的所有能量固定在第八脈輪上，將可帶你通往連續體，緩慢並逐步地協助你打開美好的高階脈輪。

　　你的第八脈輪，現在是你新的心靈中心，也是神聖之愛、靈性慈悲與無私的中心。任何尚未解決的因果與業力都

可以在此被消融，但你必須先選擇去啟動你儲存於此的靈性技能。

隨著第九脈輪逐漸被打開，你得以接通並進入你的靈魂藍圖。這個脈輪是展現第八脈輪外在技能的真正寶庫，也是滋養這些技能的源頭。

在第十脈輪，你的創造力、共時性以及神聖男性與神聖女性的融合都出現了。你要允許自己去活化這個脈輪，敞開自己去接受一種專注、平衡且強大的新存在方式。

第十一脈輪允許你去取用你的靈性天賦，這種內在能力遠遠超越目前所有被認可的可能性，比如時間旅行、瞬間移動、同時出現在兩個時空，以及憑空生出聖灰或東西出來。如我們所知，這些都是真正菩薩可以做到的事，而你自己也有可能具備這種能力。隨著這個脈輪逐漸被啟動，會發揮它的監控作用，讓你的低階脈輪因為它的啟動而受惠。

第十二脈輪能夠讓你與宇宙神性自我建立完美的連結。再次提醒你，把生命之花球體的所有能量固定於第八脈輪，可以帶你通往連續體，緩慢並逐步地協助你打開這些美好的高階脈輪。

12. 當你持續以吸氣方式，從宇宙與地球兩個方向帶入普拉納（生命力），可以啟動會陰部能量而將之拉抬至新的太陽四面體頂端；而宇宙能量會同時透過普拉納管往下流動。你的

普拉納流正在滋養著你的宇宙高速公路，現在普拉納管成了彩虹橋的棲息所在，也是你個人與神聖的連結。當菩薩迸發出萬丈光芒時，彩虹體就是祂所實際呈現的形態。

13. 當你呼吸時，可能會出現新的水晶結構與顏色。它們可能會表現為垂直的 DNA 螺旋結構，帶著閃爍、變換及波動的美麗顏色。沙漏形狀的下半部可能出現綠色的心輪，而沙漏形狀的上半部可能出現明亮的紫色，這是第六脈輪的顏色。
14. 繼續透過這條新啟動且延長的普拉納管呼吸，時間長短由你決定，但一定要確保普拉納同時從地球與宇宙兩個方向進入。繼續供應能量給你的生命之花球體，讓這個球體留在圓形沙漏的中間交叉點，也就是在頭頂上方的第八脈輪中心處。當沙漏與它本身產生交互作用時，就會創造出兩個彼此相互影響的釷羅斯管。
15. 允許這股美好的能量在生命之花的形狀內形成。記住，你可能會看到某種顏色或多種顏色，或是像萬花筒般的豐富色彩，或是一些帶有顏色的象徵符號；從上下兩個方向繼續吸入普拉納，你正在填滿並支持這個新的結構。讓這股能量逐漸發展、增強，為下一個階段的啟動做好準備。
16. 接著深呼吸，深吸一口氣再呼出，將生命之花的球體吹脹成一個新尺寸（現在就這麼做）。現在，你的生命之花球體已經擴展至直徑四十七公尺的大小了。

17. 想像這個被稱為蓋亞之星（Gaia star）的結構，八角星的大小剛好可以放進生命之花的球體中，球體可以支撐它的新體積、結構及大小（見圖 10.5）。想像這個生命之花球體內部的空間，是由水晶般剔透的藍綠色及金黃色線條所組成，也就是蓋亞之星。在這個層次繼續你的普拉納呼吸，隨你想練習多久都可以。

圖 10.5　這個八角形符號是由兩個正方形疊加而成，在十七世紀時被玫瑰十字會（Rosicrucian）採用為標誌，因為它的八個角代表幾何宇宙的八個點，並由八位天使分別守護。

　　你已經在第八脈輪與新的心靈中心建立連結，也已經打開了一條高速公路通往上方脈輪的彩虹橋，包括宇宙版本的你。你置身在無限之中，也與無限建立連結。現在，這樣的結果讓你得以進入並啟動你的新實相，而這個新實相就成了你的能量體與「一」的連結。

　　我祈願這個冥想法及脈輪啟動能夠祝福你及你周遭所有人，也祈願你自己以及你所接觸到的所有人都能擁有人間天堂的一天。

語音啟動的價值

　　有人提出以下的問題：「我們能否只做冥想，省略語音啟動？」我的答案是，可以，但是冥想的效果無法持續太久。如果你想讓第五次元能量所活化及啟動的脈輪能量持續四十八小時，就需要完成語音啟動，因為這個部分可以護持住你的第五次元能量。這也是我鼓勵你練習時缺一不可的原因。

　　我的一位學員曾經如此描述：

　　　　語音啟動會以不同頻率來搭配你身體的不同部位……聲音會鎖定冥想中所觀想出來的圖像。假如你想創造全世界與宇宙，語音啟動也能助你一臂之力。因此，我們可以

體驗並感受到身體內的宇宙。所以，悲傷或痛苦的不舒服感受，都是因為我們沒有留意去照顧好身體的相關部位，那也是我們會感受到悲傷與痛苦的地方。

新工具的出現

我最近在練習第五次元梅爾卡巴時，使用了一些極其強大的工具，你也可以試試。其中一個最新的工具是金紅色能量場（Red-Gold Energy Field），我初次看到它時，它的模樣就像是圖 10.6；接下來不到二十四個小時，我就收到了藝術家朋友恩德雷‧巴洛傳給我的作品（見圖 10.7，兩幅圖像中都有紅色與金色元素，只是黑白照片呈現不出來）。

值得注意的是，恩德雷和我可以好幾個月不聯繫，但重新聯絡上時，卻彷彿是昨天剛見過面一樣熟悉！在我看來，他給我的「版本」雖然比我自己的版本複雜得多，但事實上，我們呈現的都是同一回事。

金紅色能量場可以往外擴大與延展，有一個紅色的外緣，邊緣呈扇形且有點尖銳，很像是冬青葉子。內部有金色能量，而更強烈的金色射線則從內部邊緣散發出來。

它是以這種方式出現在我面前：最初，我在冥想中被指示要告訴一位因為照顧剛出生的雙胞胎而筋疲力竭的母親，她應

圖 10.6　金紅色能量場

該要觀想自己被籠罩在這股能量之中。冥想時，我又被告知這股能量會在他們需要時以各種方式來幫助他們。幾天後，在另一次療程中，我又看到同樣的影像，以及它如何被用於一個特定的問題及場合。

　　連續兩次接收到跟這個工具有關的訊息，讓我確定金紅色能量場一定是人人適用的一個工具。而且就在第二天，恩德雷就寄給我他的新作品。這就是我經常遇見的狀況：我得到某個問題的答案，然後這個相同的解決方案會為另一個不同的情況

圖 10.7　恩德雷‧巴洛所繪製的金紅色能量場

或另一個客戶再次出現。於是我恍然大悟，這就證明了這個工
具真的適用於所有人。

　　金紅色能量場，同樣可以幫你解決某些問題或治療某些疾
病。首先，在你的腦海中想像這個工具，注意它有尖凸的鋸
齒，類似一扇打開的門，讓我想起放在樓梯前限制兒童或寵物
出入的那種柵欄。它所具有的延展特質非常重要，因為這會讓
這個圖像輕易地符合任何形狀及大小，不論是實物或是需要修
復或治療的身體部位都一樣。最後的形狀可能是對稱的，也可

能不是。金紅色能量場能夠促使療癒快速發生！

　　因為這個工具有擴展、收縮及變形等特質，因此適用於任何尺寸及大小。你可以根據自己的意願，把它放在需要額外療癒的事物上。當你看著它時，快速眨動眼睛，就會看到它開始移動。它是第三次元、流動性的，所以當你用你的想法將它安排在適當位置後，不妨想像它是來自第五次元。

第 **11** 章
與龍共舞，
召喚神龍的意外驚喜

　　除了來自揚升大師、天使及指引者的幫助之外，我現在還要介紹你一種古老的瑞獸——龍。在人類靈魂的揚升過程中，有一群龍來到了這個現實世界，助我們一臂之力！龍只是神話中的生物嗎？我不這麼認為，不然全世界各地的博物館中，哪裡來這麼多與龍有關的藝術展品呢?! 就東方傳統來看，龍一向是尊貴、溫馴且真的存在過的生物。現在，為了幫助人類找回真實的自我，龍又回來了。

　　從「dragon」（龍）這個字的字根來看，也可以為我們指明方向，龍來到這裡的真正目的與佛教的「明性」（clarity）無異，能夠「看清楚」一切而明心見性。

　　各種不同的龍回到這個第三次元，在人類邁向第五次元之際協助並保護他們。此時，龍的存在非常重要，因為牠們能在次元之間轉換無礙，並且有助於保持第三次元到第五次元的高頻率振動。牠們之所以回來，是為了幫助人類揚升。

圖 11.1　門板上雕著一條守護皇冠的龍

　　二〇一〇年，我曾在一個大型雕塑公園的戶外場地看到一座龍造型的雕塑。風暴之王（Storm King）藝術中心這個露天的大型雕塑公園，位於紐約市以北一小時車程的哈德遜河谷中。老實說，在此之前，我對龍完全沒有興趣，也從來不會特別去注意牠，或者說我是這麼認為的。但事實證明，當我翻看拍過的照片時，才赫然發現，早前我已經拍過牠們好幾次了！我兒子小時候很喜歡龍，因此我對龍有個模糊的認識，還記得買過一隻塑膠龍送他。直到今天，龍還是持續帶給我驚喜。

　　只不過這一次，在我的覺知中，龍非常真實生動，牠們還會對我說話，敦促我去了解跟牠們有關的更多訊息。我心裡很好奇：牠們為什麼會來到這裡？會做什麼？很多問題的答案逐一浮現。首先，龍是溫血動物，而不是像蛇、蜥蜴一樣的爬行類動物；牠們還會撫育孩子，我曾經被告知牠們會孵蛋來孕育出龍寶寶。在東方世界，龍是廣受人們敬畏的神獸，民間流傳著許多與龍有關的故事，用來教化及幫助人類，將秩序與理解帶入這個世界。

　　在早期的基督教時代，龍也是宗教圖騰之一。圖 11.2 的掛毯是紐約大都會藝術博物館（Metropolitan Museum）修道院博物館的館藏，原作出處是一間聖本篤修道院（不是教堂，而是修道院）。這說明了龍在西方世界也曾經受到尊崇，後來才被當成代罪羔羊而遭到屠殺，以至於牠們才會移出這個現實世

圖 11.2　龍掛毯（由壁畫轉印）。原作出自西班牙卡斯提亞－萊昂（Castile-León）自治區布爾戈斯（Burgos）附近的聖佩德羅‧德阿爾蘭薩（San Pedro de Arianza）聖本篤修道院的一個房間，約一二〇〇年。現藏於修道院博物館。

界，進入到另一個世界來修復元氣，並待在那裡直到對牠們趕盡殺絕的危險過去。為什麼會這樣？想想以下這個事實：龍可以讓人清楚看見真相，因此牠們的存在讓人類無法掩蓋謊言。龍有能力穿越次元空間，協助你度過跨次元的體驗，還可以協助你完成簡單的任務，例如疏通堵塞的車流讓車子順利開走。不過，即使牠們回來了，你也只能用內在之眼或內在覺知看到牠們。

> 龍身盤繞、爪子箕張、腳掌蹲踞，面對前方獅子的這條龍強大有力。無論牠的存在是真實或虛構，這種中世紀的猛獸往往被賦予諸多象徵意義，正如牠們今日在動物寓言中的角色一樣。然而，在某個歷史遺跡中，我們未必能夠重建當初創作的特定意圖；正如十三世紀一位大主教所說，這樣的動物也可能只是因為「審美快感」而被創造出來。擁有這幅壁畫的修道院已於一八四一年廢棄。[1]
> ——紐約大都會博物館「龍」解說牌

龍為何出現於此時此刻？

龍來自某個我們一無所知的生命波（life wave）。在許多深奧難解的領域中，龍都為我們帶來智慧與理解。牠們所擅長

的知識領域之一，就是對土、風、火、水這些元素的知識。這意味著，牠們可以幫助你用各種方式去理解及運用這些元素以及這些元素的所有表達，例如水精、空氣精靈、火精、大地仙子、地精以及小精靈 *。

歷史上，你會發現東方、歐洲與龍有關的兩種傳統。正如圖 11.2 的圖說所指出的，這幅轉印畫的原壁畫完成於十三世紀；後來，因為宗教迫害，歐洲的龍逐漸被遺忘。被視為英格蘭聖徒守護神的聖喬治（St. George），為人津津樂道的事蹟就是殺了一隻需要用活人獻祭的惡龍，從而拯救了利比亞（Libya）的一個城鎮。這非常可能是虛構的故事，就像更早期（十一世紀）的作品一樣，為的是消滅人們對龍的崇拜。聖喬治被描寫成一位騎士，他所屠殺的是人類的敵人。

相反的，在東方傳統中則是以龍為尊，並把龍視為智慧之源。龍在中國人的眼中更是尊貴，只要想想龍被視為九五之尊的化身，只有皇帝才能穿五爪金龍的龍袍，就可見一斑。值得注意的是，二〇一二年一月二十三日馬雅曆法的最後一天，正是壬辰年正月初一，也就是中國龍年的第一天。這樣的巧合就

---

* 本書即將完成之際，我發現了奧瑞莉亞‧盧意詩‧瓊斯（Aurelia Louise Jones）的作品。高我告訴我，她那些來自地心文明桃樂市（Telos）的通靈傳訊系列的第三冊有些東西值得一看。我拿起書，隨手就翻到了藍色龍那一章。當時我完全不知道還有其他人也跟龍一起合作。

像一個開端，彷彿為所有的龍打開一道祥瑞的大門，恭迎牠們
到來！

如何召喚你的神龍？

乍聽之下，這就像是個幻想，但不要忽視你的龍能夠提供
給你的協助。而且，你盡可以證明我是錯的。召喚你的神龍，
並觀察牠們存在的種種跡象。牠們喜歡被你召喚，也會為你現
身——出現在你的夢中、雲中或其他地方。請求牠們的協助。
安靜下來，請求你的神龍現身，然後要求知道牠們的名字。一
開始浮現在你腦海中的名字就是牠們的回答，此後就用這個名
字來呼喚牠們。你的神龍可能不止一隻，而且牠們的性別也可
能不同。

一旦你知道了龍的名字，就可以召喚牠、對牠提出請求，
因為是牠挑選了你作為牠的人類化身，也為你今生的特定目的
所吸引。永遠都不要把你的龍叫什麼名字告訴任何人，除非你
完全信任對方會尊敬並榮耀牠們的名字。一旦你的龍慷慨地與
你分享牠們的名字，就像是在宣誓要為你獻上牠們的服務一
樣，因為現在你可以呼喚名字邀請牠們，尋求牠們的幫助。牠
們非常喜歡你需要牠們，也歡迎你召喚牠們前來幫忙。

我有個朋友是脊骨指壓治療師，因為接連遇到一些衰事而

不斷向我抱怨。我要求他閉上眼睛，然後召喚他的龍現身，並請求龍告訴他名字。我留他一個人獨處，當我回來時，他流下了感激的淚水。他說，他的龍通體白得耀眼，而且還把名字告訴了他。

你可以把龍加到你的靈性工具箱裡，請求牠的指引來幫你應付眼前這個充滿挑戰的世界。你可以請求你的龍去尋找資源並帶回來給你，協助你完成計畫。更重要的是，龍可以親口跟你對話，幫助你辨識真相。圖 11.3 是我自己收藏的一個龍形香爐，我喜歡叫它「抽菸的龍」。

當龍出現在夢中時，牠們是真實存在的，但也有其象徵意義。牠們是第四次元的元素，擁有自己的智慧及使命。比起地精、小仙子、小精靈一類的地球元素，龍更加獨立、更不受約束。牠們選擇在此時此刻重返地球，是為了幫助人類，牠們會透過實際或形而上的方式，跟人們溝通及四處遊歷。

充分利用你的龍

我們為什麼需要龍的幫助？隨著我們生活上所發生的種種變化，包括地球的轉變、靈性改變、工作及社會變動等，可能會有錯誤的開始、錯誤的方向或是不確定性，而這些龍就是回來幫我們看清楚真相。當然，如果你已經有一個完成啟動的梅爾卡巴以及連結上高我，就不再需要龍的協助了。話說回來，

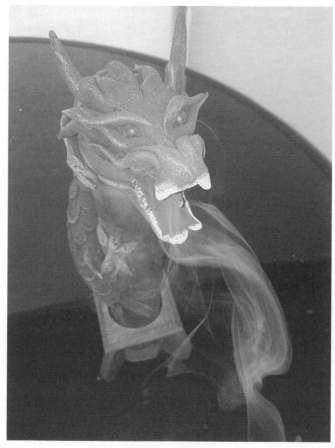

圖 11.3　龍形香爐

誰會拒絕額外的幫助呢？即便我們具備了以上這些技巧，也需要仰賴龍帶來的奇蹟、智慧以及洞見，也包括你在內。

你同樣可以請求你的龍來引導你，幫你看清楚並理解你沒有看到或必須看到的事物；你還可以請求牠們幫你抵達目的地。以我為例，上路之前我總是請求龍幫助我解決交通問題，讓我能夠一路暢通無阻。何樂而不為？反正牠們非常樂意我召喚牠們前來幫忙。

不久前，我們夫妻兩人開車行駛在一條非常繁忙的西雅圖街道上，沿路一直塞車；而下方的州際公路也是一樣的情況。我看著駕駛座上的丈夫，說道：「我們需要召喚龍前來幫忙！」於是，我呼喚著牠們的名字，請求牠們前來幫助我們及周遭的人解決眼前嚴重的塞車問題，好讓每個人可以輕鬆地前往他們要去的地方。短短幾分鐘之內，我丈夫開口了：「一路綠燈，我從來沒有遇過這樣的情況！」他這裡說的至少是二十個號誌燈，我們前方的所有燈號都是綠燈。當他這麼說時，我對自己也對他大聲說道：「這一定是龍在幫我們！」

我從委託人那裡也得到了很多類似的回饋意見，他們都很感謝我的提醒，讓他們懂得尋求龍的幫助。有個女士打電話給我，說她的龍讓她能夠及時趕到學校，這是前所未有的情形。另一個朋友開車來找我時，走的是布朗克斯高速公路（Cross Bronx Expressway），這條路被卡車司機評論為「美國最難走的

公路」，然而他卻以創紀錄的短時間抵達，而且還順利地在我紐約那棟大樓的正前方找到停車位，這可不是一件容易的事。

　　還有一個例子。有一個委託人來找我之前做過一個夢，然後在諮詢過程中，我確實試圖「喚醒她」來獲得龍的幫助。一直以來，她都覺得自己這一生很悲慘，在經過簡短的溝通後，我卻突兀又莫名地建議她可以召喚她的龍來幫忙。以下是她當時的回覆：

> 　　有趣的是，你提到了龍。幾個月前我做了一個夢，夢見自己在一個五顏六色的地方，那裡有各種顏色的龍。我站在山谷中，有一黑一白的兩條龍來找我；我站在兩條龍的中間，伸出手去撫摸牠們。我聽到圍觀的人群竊竊私語著，他們說這些龍從來不讓人碰牠們。然後我就醒過來了。

　　我對這個夢的解讀是，她需要同時擁抱光明與黑暗。這是一個適用於我們所有人的訊息。所以親愛的，我們都知道你可以且必須召喚你的神龍，來幫助你駕馭及運用那股專屬於你的驚人力量。龍之所以重返這個世界，是因為如今的人類比以往更需要洞察能力。

　　我的朋友凱莉與道格住在新英格蘭，對道格來說，每天通勤上下班是非常花時間、花心力的苦差事。除了交通流量大，

還不斷有車子超車或突然切入，加上新英格蘭的道路彎曲狹窄，使得尖峰時間的交通狀況糟得都快讓人抓狂了。雖然道格熱愛他的工作，卻一點都不喜歡這種舟車勞頓的通勤負擔，每個工作天他都必須費盡千辛萬苦，才能讓自己通過這宛如迷宮的交通考驗。

　　直到有一天，道格決定要「照我的建議去做」，召喚龍來接管這項開車上下班的艱鉅任務。讓他大吃一驚的是，那一天居然沒有一輛車子超他的車或突然切入，也沒有一輛車子像往常一樣「差點」擦撞到他的車子，其他駕駛甚至還「讓路」給他。那天傍晚回家後，道格就對妻子凱莉宣布，他每天都要請求龍來幫助他。

　　然後是最近一次，我們夫妻在英格蘭待了一個星期，開著一輛租來的車子在鄉間到處跑。我先生喜歡看地圖指路，而我負責開車。但在英國開車，對於習慣左駕的我們來說是個很大的挑戰；就像大多數駕駛一樣，一開始我難以適應，無法讓車子盡量保持在車道中央。然而，當我要求龍來接管駕駛之後，我們不僅開得很順，而且當我們「不小心」錯過岔路時，竟然意外地「讓我們看到」一間很棒的餐廳（當晚我們就是在這裡用餐的）。如果沒有龍事先幫我們偵查路況及方向，我們就不可能發現這間好到難以置信的餐廳。此外，當我改成右駕時，確實感覺到大腦的運作也跟著改變了（或許這才是大腦應該要

有的應變能力）。對於天使長與龍給予我們的幫助，我可以舉證歷歷。倘若缺乏這些額外的幫助，我無法想像自己能夠做到這一切。

你可以不相信我的話，但我建議你親自試試看。你的龍會幫你解開在每個次元生活的祕密。你必須準備好邁出下一步，牠們才會幫你找到你的路。甚至連這本書的書名，我都覺得是牠們給我的靈感。

飛行的恐懼

我的朋友凱蘿・卡柯奇是很棒的顱薦椎治療師，在治療過程中，她已經不止一次地聽我講述有關龍的事蹟；到最後，她終於聽進去了。上週她跟我分享她跟丈夫一起去的那趟旅行。她一直都有飛行恐懼症，當飛機準備起飛時，人在半空中的恐懼感幾乎壓垮了她，於是她決定召喚「她的」龍前來幫助她。

令她驚喜的是，她的龍真的出現了！顱薦椎治療的工作活化了她的內在視覺（她的第三眼），激發出了她的天賦，因此她能夠在這種時刻用內在的眼睛看到龍，這讓她大為震撼！她不僅看見龍，而且還是三條龍！綠色龍飛在飛機左翼、紅色龍飛在右翼，還有一隻白色龍飛在機身上方。牠們

的出現使她平靜了下來。在整趟航程中,每當遇到氣流顛簸,她都會驚慌失措地反應過度,想著「我就要死了」;而此時白色龍都會問她:「你想活下去嗎?」她立刻回答:「想。」隨即她就感覺自己完全放鬆下來了。直到現在,她對那次的經驗仍然津津樂道。

現在輪到你了,試試看吧。請求你的龍在你下次冥想時現身,然後把你的親身經驗跟我分享。就連孩子也能召喚牠們過來呢!我上週在公園人行道上所發現的塗鴉(見圖 11.4)就是證明。

我的淨化團隊中有個成員曾經看過黑色的巨龍,而我們現在認為,牠們是在阻止力量被篡奪。所以,當你遇上力量被濫用的情況時,不妨召喚你的龍來幫忙阻止這樣的情況。單就這一點,就足以說明為什麼大量的龍會在此時此刻現身來支持人類了。

龍所具備的特殊能量

龍是中國的十二生肖之一,被視為最強大、最吉祥的動物,牠的生肖排行第五,而五是最幸運的神聖數字。龍年出生的人,據說富有創造力、熱情開朗、身強體壯、運勢強,因此

圖 11.4　龍：人行道上的塗鴉

人們理所當然地相信，龍年生的寶寶是最受眷顧的一群幸運兒，不僅長壽、幸福、有權有勢，事業、健康及友誼無一不強。簡言之，就是享有人世間的所有好事，可以說是生活在人間天堂。

　　在《過渡到二〇三二年的黃金時代》（*Transition to the Golden Age in 2032*）一書中，黛安娜・庫珀（Diana Cooper）也提到了龍。雖然她引用的是日本這個國家的情況，但我相信這段描述對世界各地的人都適用。

圖 11.5. 龍形鐵塑藝術品

　　日本與龍的能量有著非常強烈而緊密的連結。龍是第四次元的元素，當我們對牠們敞開自己時，牠們的幫助是無可限量的。在過時的體制崩解之際，龍可以帶來力量、保護及陪伴來支持各個社區，幫助人們克服問題並開啟更高的靈性次元 [2]。

　　火龍的顏色是鮮紅色，跟帝王專屬的黃色絲綢與金色很搭。對中國人來說，龍代表了無限的潛能以及可能性，這就是為什麼傳統中國人經常會說「望子成龍」這句話了。

　　眾所周知，龍會幻化變形，從一條小蛇變成占據整個天空的龐然大物。為什麼我們會多次看到雲彩呈現出龍的形狀？這是因為雲彩或空氣精靈會複製存在於現實的事物，並呈現在我們眼前。還有許多人會在燦爛的彩虹中看見龍，牠們會藏身在雲朵、湖泊、川河之間，也可以幻化成水。

　　不管你的龍屬於什麼元素，牠都具備了有效、確實、可變以及像水一樣的包容性。所有的龍都屬陽性，也都具備了陰性的所有潛能，並以各種不同的形態呈現出來（例如圖 11.6 的水龍，形態中可以看出一些蛇的特質）。

圖 11-6　日本京都的水龍。位於鞍馬山上坡路的這個雕塑品，口中會噴灑出水，讓朝聖者在登上聖山前先做過潔淨儀式。據說來自金星的上師薩納特‧庫馬拉（Sanat Kumara）所搭乘的太空船，最初就是降落在鞍馬山。

機緣巧合與共時性

　　還記得我妹妹發生車禍早逝的這個悲傷故事嗎？不只我的兩個兄弟曾經體驗了她的車禍經過，當他們接到這個不幸消息時，我兄弟的大兒子（當時是法國電氣公司的工程師，精通法語）剛好在前往歐海爾機場的路上要飛往巴黎（我妹妹一家人就住在巴黎）。在我們還無法搭上飛機之前，知道家人中唯一會說法語的人正在前往巴黎的路上，的確讓當時驚惶失措的我

們稍感安慰。

以上就是「機緣巧合」（serendipity）*的真實例子之一。那麼你是否注意到你身邊的共時性事件及機緣巧合，現在發生得更頻繁了？這可以讓你意識到自己正在被一種全新的恩典所圍繞，而這種存在會讓你驚喜連連！新的第五次元梅爾卡巴可以幫你打開高階脈輪，當你的第十脈輪被啟動時，機緣巧合就會更常發生。這是因為你已經允許更高意識的能量，把你與那些重要的機遇「匹配」在一起。機緣巧合是額外又美好的助力，能幫你啟動高階脈輪。這樣的運作是雙向的：你召喚來機緣，你的第十脈輪會因此變得更容易啟動；而當你敞開雙臂去迎接意外機緣時，你也會更容易保有進入第十脈輪的能量。切記，你所做的每一件事，都能協助地球全面揚升。

以下就是一個例子。當我跟我先生開車快到我們的西雅圖住家附近時，iPod 自動從我先生龐大的音樂庫選歌，然後就傳來了歌手布蘭迪．卡莉（Brandi Carlile）的歌聲。我從來沒聽過她的歌，但當我凝神傾聽時，我對我先生說：「我很喜歡她的歌，我們應該找一天去現場聽她演唱。」彷彿我已經知道可以在本地看到她一樣，但當時我完全不知道自己為何會這樣

---

* 編按：serendipity 沒有統一的中譯，也有人譯為偶然力或因緣，通常指的是意料之外遇到的好運或學到的智慧。

想。我先生點頭說道：「嗯，她是西雅圖本地人，你知道的，她有時會跟西雅圖交響樂團一起表演。」他又加了一句話：「我會上網瞧瞧。」第二天他就告訴我，他已經訂了感恩節之後那個週日的門票，布蘭迪・卡莉當天會跟西雅圖交響樂團一起表演。

我完全驚呆了，而她的門票在幾天前才開始賣，並在幾天後就售罄了，不過我丈夫還是有充裕的時間拿到很棒的位置。於是，我們共度了一個愉快的夜晚。我先生的音樂收藏龐大而多元，並會隨機在 iPod 上播放。我總是快樂地「流動於第五次元的世界中」，在我提出「我們應該去現場聽她演唱」的建議時，單純是因為我很喜歡她的音樂——即便我不知道自己會說出這句話。得到我們想要的、享受我們的生活——這種模式不斷地自然流動，經常帶給我意外的驚喜。謝謝你們，所有發生與尚未發生的機緣巧合。

還有一個最近才剛發生的真實例子。昨天晚餐時，我先生告訴我，在我去紐約時，他又拿到了一個費城的新客戶，對方打電話給他，希望他下週去費城找他；這意味著，他這趟原本去費城出差的行程，剛好可以一次就見到兩個客戶。他說：「這真像莫琳女士的作風啊！我成功地在同一城市同一時間得到兩個完全無關的客戶。」先生女士們，生活在第五次元就是像這樣，神奇的事隨時都在發生，而快樂的巧合會成為你的新

常態。歡迎你來到第五次元，而這僅僅是剛開始而已！

- -

泰瑞的奇遇

有一天早上，阿卡西紀錄的認證解讀員泰瑞‧楊（Terri Young）打電話給我，分享了她的意外驚喜，而我一點都不感到驚訝！我很高興，機緣巧合直接找上她，而她希望有一天自己能把這些經歷寫成一本書。在一封給我的私人信件中，她寫道：

當我醒來時，我聽到有聲音這麼說：「我們是機緣巧合。」（而不是說「我是機緣巧合」）我猛然吸了一口氣後，回應了對我說話的聲音：「嘎？」

我先說明一下，我平常很喜歡談這些機緣巧合的事，也喜歡看到自己一步步走向美好的體驗。然而，能與「機緣巧合」本尊們直接對話，可以說是開了眼界，也是一個全新的經歷。

我還想補充一點，我愛天使，我們也經常對話，尤其是在我遇到問題時。我們會在我沉睡前以及半夢半醒之間頻繁地溝通。在我難以做決定以及覺得在這個世界寸步難行時，我都會請求天使長米迦勒用祂那最純粹的上帝之光陪伴著我。

所以，當這些「機緣巧合」聲稱祂們也是一種神聖存在

時——呃，我只能說當時自己都被嚇傻了。等到我腦袋清醒到可以回應祂們時，我問道：「為什麼會找上我呢？」而我得到的回應是，祂們直接就現身讓我看見，並且像香檳的小氣泡一樣蹦跳著。我感受到祂們的存在，也能感知到祂們的愉悅，我能做的回應就是微笑。然後，祂們迅速地以更多氣泡來回應我，還興高采烈地讓我知道，祂們也很高興我能夠注意到祂們所施展的魔法——把東西移來移去——好創造出奇蹟。

　　機緣巧合是奇蹟顯現的重要推手。我們都有過這樣的經驗：某個問題莫名其妙就解決了，我們雖然不確定是如何做到的，但是問題真的解決了，不是嗎？這些時刻就是祂們在顯現身手，希望我們能夠知道祂們的存在，並且讓我們知道，祂們很高興能為我們解決問題。我們所要做的，就是開口請求。

　　所以，這就是祂們發揮作用的方式。你是否曾對自己說：「我得記住 ＿＿＿＿」然後，你發現自己打開了一個櫥櫃或一扇門，而且還記得你所需要的東西？以上的每一個步驟，其實都在引導你去得到想要的東西。感謝機緣巧合，有祂們跟你在一起，你會驚喜連連！如果你願意接納祂們，你的生活會越來越輕鬆自在。

　　你可以這樣說：「機緣巧合，幫助我以更輕鬆更簡單的方式來完成今天必須完成的工作。」然後放下，不要再去想你所期望的東西，放手讓祂們去施展魔法，我保證你的生活

會變得更美好。你也可以請求機緣巧合賜給你愛的光束，這些光束是一種美好的下載，會讓你的心變得寬闊，你會感覺愛的能量流經體內，源源不斷地在所有空間流動。這些愛的振動會成為來自第十一脈輪的光柱，經由你的普拉納管往下直達大地之母。當你感受到充滿愛的這股振動後，就會知道你可以從容地去使用它來掃描你的身體。

「最後，」祂們表示，「我們也是光的存在，可以加快時間或延緩時間，也能夠幫你處理那些已經不再適合你的想法。如果你願意把心打開，就能改變自己的心態重新去審視那些再也不適合你的事物。改變你的想法及心態，就能改變你的經歷。此外，我們還能聽到你的擔憂，並透過一些巧妙的方法來幫你消除擔憂，讓你的道路更平坦。」

機緣巧合一直與你同在。「給我們一個機會幫助你，」祂們說，「我們可以創造奇蹟。」

充滿狂喜的泰瑞・楊

泰瑞，感謝你成為一個了不起的信使，傳遞著愛與光！

第 12 章
在意識升級的時代，
如何改變實相？

　　不管是在這個星球上或星球本身，有很多事正在發生。首先，真正的自由已經出現；我們現在來到了付諸行動的階段，這需要很長的時間。當我們處於自由意志區時，每一件事會發生都經過我們某種程度的安排，但這樣的「遊戲規則」即將結束，因為我們擁有了許多隨手可得的恩賜。

　　對你來說，最重要的行動是認識你是誰；身為攜帶著神聖火花的存在，你有權要求上天的所有力量來支持你，以及關照你生活的每個層面。切記，當你面對一些看似真實的障礙時，可以請求所有力量來為你清理並移除那些障礙。養成冥想的習慣，學會放鬆，最困難的部分已經過去了。

　　你願意加入嗎？完全由你決定！在你決定接受改進及升級時，會有許多「光之存有」跟你一起努力，還有潛藏的能量也會出來幫你。現在，是時候決定你是否要善盡你的一分力量了，因為少了你，這一切不會也無法發生。你將要從事的工

作，大部分都與意圖有關，而且是極為強大的意圖。所以，這絕非某種不痛不癢、自我感覺良好的工作。因為我們正處於全球性的轉型之際，並被給予機會去重組我們的細胞與分子架構——直抵我們的 DNA 與 RNA。

超越二元對立

我們正在離開二元對立的遊戲，進入另一個新遊戲。二〇〇二年，在巴黎聖母院下方的巴黎地鐵站牆上，我偶然看見了天使長米迦勒的馬賽克鑲嵌畫：祂高舉著劍，在空中翻滾戰鬥。當我站在這幅令人屏息的藝術品前，天使長米迦勒直接傳達一個訊息給我。祂說，人類只需要一劑順勢療法的負面能量，就可以保持光的平衡。

我們無數次聽導師們這麼說：「有更多光，就會有更多黑暗。」聽到這種說法，我總會不禁懷疑：就我的想法來看，我無法理解我們為何能容許這個世界存在著這麼多的黑暗。當你意識到遊戲規則正在改變時，就可以看出為什麼這個新訊息（這個世界只需要一劑量的黑暗）說得通了，因為它會使我們更容易轉化二元對立的狀態。在順勢療法的最後製備階段，會引入一味草藥，其能量特徵是如此微小，以至於在化學分析中就像不存在一樣。我相信天使長米迦勒傳遞給我的這個訊息，

是為了讓我們理解，「有更多光，就會有更多黑暗」對這個星球來說已經不適用了；我也相信我們必將理解，只要我們還維持著二元對立，黑暗就一定不會消失。然而，黑暗是如此幽微，以至於我們無法識別出來。

　　想像一下，這裡有很多很多的光，以至於我們所知道的所有邪惡只剩來促使療癒的劑量。我們很快就可以讓這個星球大放光明，因為我們現在會將所有注意力都放在光上，而不是我們再也不想要的東西上面。例如，倘若我們問道：「那麼世界上的壞人呢？」我們說的是誰？殺人犯、小偷等等素行不良的人。回答這個問題的訊息被傳送給了我，而我只能對此感到敬畏。讓我們從改變稱呼開始做起：從今天起請用「鱷魚」來稱呼這些壞人，每當你想到他們的名字，就是在餵養他們。

　　藉由以下的例子，你或許可以理解這個「餵食」的概念。你可能注意過某種情況，當你正在跟朋友講起另一個也在同一個房間的朋友時，你們正在談論的那個朋友抬起頭來對你們微笑，或是直接就走過來。然後你思忖著：「他知道我們正在說他嗎？」從能量角度來說，答案是「是的」。我一直很敏感，小時候我哥哥老是喜歡捉弄我；有一次當我開始嗚咽時，我母親轉向哥哥，跟他說：「停止你正在做的事。」他抗議著：「我只是看看她而已。」我母親說：「那你就不要再看她。」這正是我要告訴你的，不要看著黑暗，你就不會餵養那些鱷魚。

　　不管你只是在腦海裡想著，或是去批判那些壞人（現在我們稱他們為鱷魚），你都是在用你的情緒能量去餵養他們。避免餵養的唯一方法，就是你以後都要這樣想：「他們有自己的仗要打，那與你無關。」當你強迫自己去審視「業力不存在」的概念時，就不會再去評斷或批判這些壞蛋。某種程度上，鱷魚使用武力來遂行征服之實，但以暴治暴不是良方，他們所使用的力量不會被同樣的武力阻止。相反的，愛才會消融這些暴力。無論如何，宇宙的源頭會用無條件的愛來愛他們，而完美的愛可以驅散黑暗，無所不包的愛則會吞噬黑暗。

　　當你進行第五次元梅爾卡巴時，會帶入巨大的光，以至於將黑暗完全淹沒。我們的工作就是始終看著光，盡我們所能地避免去評判那些仍然存在這裡的黑暗。不論是你或我都對黑暗無能為力，但我們可以為提高光商（light quotient）*貢獻心力，而且這正是我們擅長的事。有些人必須跟鱷魚打交道，因為那是他們的工作，而我們只要善盡自己的職責就行。

---

* 編按：光商的用法與意義就像智商及情商一樣，是神祕主義者用來衡量一個人或星體可以吸收及散發多少光的方式。意識越高、振動頻率越高及智慧越純粹，光的吸收與投射就會越強越亮。

你能做什麼？

想想以下這十二種認知，它們將指引你找到新的你、新的實相，並賦予你在這場新遊戲中的行動準則。

1. 認知到你的高我就是你，以及如何連結高我。
2. 認知到你的高我可以指引你。
3. 認知到向高我諮詢每件事會有哪些好處。
4. 認知到讓你心痛的沉重打擊，正是幫助你揚升的火箭燃料。
5. 認知到你是自己實相的共同創造者。
6. 認知到你可以隨意改變這個實相。
7. 認知到你接受的方式與給予者無關。
8. 認知到每個人都有自己的路要走。
9. 認知到你是自己宇宙的中心。
10. 認知到每一天的你都是一張白紙（業力已不存在），都可以重新開始。
11. 認知到你有責任正直且誠信地做人做事。
12. 樂於與你的高我保持連結。

運用高我連結來獲取知識

從小到大都是我們的小我在學習，好讓我們熟悉周遭的世界。當我們的心智成熟到不再需要小我時，小我卻已經變得太過強大而讓我們只能繼續倚賴它，把發展高我的覺知落在一邊。這種情況讓「成長」有了更重要的意義，而現在正是你要成長起來的時候了。喚醒你與高我的連結會得到一個明確的結果，那就是你的小我與高我會融合為一個意志，也就是上帝的意志（God will）。

運用高我與上帝共同創造

在上帝的心智中，只存在著完美與全知。然而，這個心智並不包括你尚未體驗過的所有經歷。這是一個常見的誤解與不當描述，要知道，阿卡西紀錄中留存的是最可能發生的未來，而不是所有可能的未來──直到有能量來支持某個特定方向，那個未來才會落實下來。

來自阿卡西紀錄的話語

所以，我們從這裡對你們說：你們要敞開自己去接受神性的自我，那是你們隱藏的內在智慧，代表了完全與上帝契合的那個你，並讓這個版本的你出現在你們的意識之

中。我們會跟你們一起努力。

　　我們要求你們找一個安靜的地方，就是現在。因為我們要邀請你們一起踏上這段冥想之旅；在你們開始放鬆那一刻，請求你們的高我加入，融入你們的心。你們的高我與上帝完全契合，當這部分的你們融入你們的心時，你們馬上就能進入上帝的心智之中。

　　從這一刻開始，請求上帝的心智庇蔭你們、啟發你們、進化你們；請求上帝的心智走進你們的心智，以上帝保留給你們的愛盈滿你們的心智，這樣厚重的愛會滲入你們的所有一切，讓你們放鬆心智、放開小我，讓上帝的心智穿透你們的身體、你們的心，創造出你們的神性自我。

　　這是讓你們的小我與神性自我合而為一的一個方法。

用床邊故事來改變現實

　　對於初學者的你來說，可以在睡覺前創造一個虛擬空間（網場）。例如，我的寢室虛擬空間看起來就像這樣：

　　我請求護送我到一個非常適合自己的以太靜修所，並請求參加塞拉比斯貝（Serapis Bey）*的揚升靜修。我請求把我的肉身帶往一間復原室、療癒室，或是高我與指引者今晚所建議的地方。我還要求在我的床鋪周圍設置一座

充滿能量的法拉第籠，將我跟所有的有害能量隔絕。我請求無論今晚發生什麼事，我都會獲得充分的休息，並且明天會神清氣爽地醒來。

我把這段話寫在一張紙條上，跟床的照片擺在一起，提醒我在上床時不要忘記使用它。我很少會照著這張紙條念，但照片會提醒我記得進行這個祈禱儀式。

透過改變故事來改變實相

學會透過別人的事來「改變你的故事」，也就是那些出自你口中的他人故事。例如，我的一位委託人分享了她對姊姊的恐懼。她的姊姊是一位富有的錫克教徒，最近要來看她。只要在姊姊身邊，她總是感覺不自在；兩人在一起時，她會因為自己渺小又微不足道而自卑。她很希望能擁有美好又親密的姊妹關係。於是，我建議她從改變故事做起：想像在姊姊來訪後，自己快樂地跳起舞來，還跟朋友分享姊妹在一起的快樂時光，並且告訴別人她有多高興能跟姊姊建立起這樣緊密的連結。在姊姊離開後，這個委託人打電話給我，說她跟姊姊共度了一段

---

* 塞拉比斯貝又稱為亙古常在者（Ancient of Days），被視為古代智慧大師及揚升大師，代表來自數學和上帝決心（God determination）的原始碼。

美好時光，以及她們如何以一種全新的方式建立起連結。一切就像她所想像的，她真的開心地跳起舞來了。

　　根據實際情況，你可能會選擇某件事來改變故事，像是：「我的弟弟湯姆準備好重新跟我媽媽說話了。」或是「我的哥哥達納跟他的妻子，準備把我媽媽帶回去了。」這就像一部心智電影，你可以看到讓你滿意的結局，還可以加入一段實際對話，把這個故事穩穩地扎根在你目前的實相之中。這將確保你能如願地得到結果，當然，你還要驚喜地看到這樣的結果會帶給你多大的快樂。

用新故事來改變實相

　　還有一個方法是，停止跟別人談論政治及八卦。政治及八卦都具破壞力，因為它們只會產生負面能量。不管是在什麼情況下，當你想到或提到某個知名人士或某個國家總統，都要改變你原先的故事。下決心去開創出一條新路，讓這些人沿著這條新路前行。這樣做，能夠創造出關於他們的新故事，你的能量就不會把他們禁錮在他們的舊有模式（不管是真實或是你想像的）中。

　　所有人都可以成為這個新故事的主角。如果你決定這麼做後，每一次你想到這個人，就要構思一個關於她或他的新故事，只要一個簡單的故事就行。對這個方法來說，簡單就是最

好的。例如，你可以這麼想：「我正在關注某某國家的總統，她代表了真正的民意，而不是只考量自己的利益。她是整個政府的溝通渠道，讓智慧可以流通並發揮作用。」

這個方法的效果十分驚人。你不必對你的人選做任何事或說任何話，你唯一要做的，就是改變關於她或他的故事——無論何時你想到對方，就會想到這個故事。你的能量是強大的工具，可以用來幫助你自己與其他人盡可能走上最崇高的道路。當你持續以這種想像的故事來回應一切負面或黑暗的事物時，新版本的實相就會變得越來越真實；這就是它的美妙之處。當然，你不能為他人做選擇，但這樣的做法允許對方在能量層面上有個新故事可以選擇。神奇的是，你可以看到別人是如何接受我們對他們的美好期望，如何接收我們傳達的愛與慈悲，而且他們往往都能夠達成這些期望。只要在能量層面上交流無礙，往往不久就會改變對方的模式，朝向我們希望的方向發展。因此我的個人經驗顯示，這是一個十分強大的靈性工具。

許多年前，我家裡起居室的外面有一間浴室。這間浴室非常陰冷，淋浴架的上方角落還發了黴。有一次因為浴室淹水，就在牆上打洞來維修水管，當時我決定趁這個機會來改變它的能量。剝除壁紙後，我在光裸的牆面上寫了幾句很可愛的話，像是：「這間浴室好可愛，它的位置再好不過了，整個空間流動著美好的能量。」然後，我們貼上了新壁紙，這些話完全被

壁紙遮住了。想像一下，當客人在使用過這間浴室後，回到廚房跟我說了什麼話？他們說的竟然跟我原先寫在牆上、被壁紙蓋住的話一模一樣。你不知道我當時有多驚喜！

❋【練習】回應全球難題的冥想法

我看到了一些示現的畫面，與如何積極運用第五次元梅爾卡巴冥想來解決全人類難題及修復地球（比如野火、颶風、洪水及地震等）有關。如果你正深陷難關或者知道某個人正在經歷這樣的困境，這個強大的冥想法可以幫上忙。

1. 想像你剛完成第五次元梅爾卡巴冥想。
2. 接下來，想想那個困擾你的情境，然後想像從你的普拉納管生出一條主根，往下深入到地底。
3. 連結土、風、火、水元素，調整你的能量與它們合一。
4. 要求相關的元素冷靜並穩定下來。愛它、感謝它、珍惜它，用愛來圍繞著它。觀想情況已經得到緩解，整個人放鬆下來。

我們身上有滿滿的宇宙能量，它會提供我們來自上帝源頭（God-Source）、足以解決問題的能量。只要透過這個冥想，就可以將能量引導到我們的行動中。

鼓舞人心的光之訊息

以下這些在阿卡西磁場域（Akashic Field）提出的問題，是直接由自由女神（Goddess of Liberty）與光之主來回答，並透過莫琳來傳達。

會發生第三次世界大戰嗎？

不會。軍事機器正在被迅速地拆除中。許多學校與其他網絡都已經就位，準備處理軍事武裝人員快速釋出的問題。最困難的，是如何評估這些人員對地球與人類的價值及歷史定位。

光的力量正在觀察所有可能的情境，其中沒有一個跟世界大戰有關。與戰爭有關的可能性記憶，已經從現實中被清除。實際上，那些能取得軍事機器的人已經知道地球的一個大祕密，那就是核子武器已經被封存，許多系統也被關閉或無法使用。那些想引起戰爭的人都收到了警告，他們現在只是在虛張聲勢。然而，他們心知肚明，他們的好日子已經到頭了 *。

---

* 一九六七年發生於馬爾姆斯特羅姆空軍基地（Malmstrom AFB）一個有文件紀錄的事件，可以為證。www.cufon.org/cufon/malmstrom/malm1.htm

自由女神的回答

不會有核子戰爭，也不會有第三次世界大戰，這是不可能
發生的，因為人類已經過了那個無可挽回的點，不再有發生戰
爭的可能性。就像流產通常只發生在懷孕初期，你們現在已經
排除了戰爭的風險因素。這是因為核子彈頭的電子功能已經被
解除並摧毀了，軍事機器不可能再度引發世界大戰。

薩納特・庫馬拉尊主的回答

對你們來說，學習第五次元梅爾卡巴冥想法是一個神聖的
機會。你們的冥想練習會為地球扭轉局勢，也會改變你們的生
命。你們會體驗到更偉大的愛、機會、喜悅及連結，簡言之，
你們會活得更輕鬆、更容易。你們不必相信我的話，但如果你
們忘了練習冥想，只要一兩天就會覺得有哪裡不對勁。我們要
求你們記住這一刻，也就是你們被告知自己很快就會發現答案
的這一刻。稍後還有更多的訊息會傳達給你們。現在，知道你
們是在此時被挑選執行這項工作的人類，這樣就足夠了。我們
讚揚你們的服務，同時也要求你們，當你們動搖或躊躇不前
時，可以召喚我們前來協助，因為我們從未遠離。你們的熱誠
奉獻宛如燈塔，吸引了我們，也吸引了想深入認識及了解的
人。這就是我要說的一切。

偉大神聖指導者的回答

我在這天加入你們，是為了加強你們自己與神性自我的連結。此時，你們可以召喚我來擴展你們的能力。地球的局勢已經被扭轉，因此再也沒有要懼怕的事了。守住你們與命運的約定，不要因為得到保證、消除疑慮或知道了某些事，而改變你們的計畫；相反的，堅守本心不動搖，讓自己接受高我的影響，並為他人祝禱。

你們可以在任何祈禱的結尾加上這句話：「我為自己與全人類祝禱」。為你們所愛的人祈禱，也為你們不愛的人祈禱；為自己祈禱，希望自己能夠去愛那些不愛的人，然後你們就會改變心態，不再有那種「我不愛他們」的需求。當你們感到軟弱並害怕自己無法達成目標時，呼喚我，我會為你們注入強大的藍色能量，賦予你們意志力與神聖方向。我是偉大的神聖指導者。

你可以讓改變發生

要記住，你不會因為改變的過程而耗神費力。一個團體或小組就可帶來改變，無論是在瑜伽中心、書店、咖啡廳或客廳，一個研討的小團體就能發揮作用。或許你會按照既有的劇

本來組織一個研討小組，或許你會取得某些成果，而得以成為宇宙共同創造者的一員。

　　每天都有新的網格被創造出來支持你，許多特意為你們保留下來或未被占用的新網格也已經到位。一切，我指的是所有一切，都有待重新商議及評估。然而，接下來會發生什麼事完全取決於你。你正走在揚升的道路上，需會花多久時間以及會使用哪種交通方式，都要看你的選擇。

　　有些人可能會告訴你，應該被創造出來的一切都已經存在了。倘若這是真的，你就不需要成為上帝的共同創造者了。事實上，我們一直都在創造出美好的、強大的新事物。你要意識到，這是我們身為人類的基本指令之一，所以勇往直前，把你的創造加入宇宙的資料庫吧！

相關資源

　　本書中提到的資源以及我提供的其他資源，主要來源是我的網站 www.maureenstgermain.com。你可以在網站中找到我所有作品、CD、MP3、精油、活動以及課程的連結。以下列出本書所推薦的一些資源，以及免費下載的冥想法。

免費下載的冥想法

　　下列的冥想法可以免費從 www.MaureenStGermain.com/5DBonus 下載。

水晶以羅欣冥想法（Crystal Elohim Meditation）

　　我強烈推薦你使用這個能夠賦予你力量的能量工具，它可以大幅擴展你的能力、意識以及第五次元版本的你。以羅欣在一九九四年時傳送給我這個冥想法，當時他們堅持我放下手邊的一切，全力教導及傳播這個引導冥想。這是效果強大的工具。我們知道，人類正在進化為水晶化的構造；在這個巨大轉

變的過程中，可能會讓人覺得困難、陌生或痛苦，但當你得知這個訊息後，不妨利用這個絕佳的機會連結上水晶以羅欣的能量，來幫助你度過這個轉變過程。透過主動去執行這項工作，你接受了提供給你的機會。別忘記，這項工作是不斷循環的，你與水晶以羅欣的努力成果，將會使你與水晶網格及基督意識建立起連結，而這樣的連結也會回過頭來加強你與水晶以羅欣的努力成果。基督意識網格可以幫助你將最進化的自己（即第五次元版本）帶入到你的現實世界中。

輪中之輪天使冥想法（Wheel Within the Wheel Angel Meditation）

這個不同凡響的轉變冥想，是以梅爾卡巴的古老名稱「輪中之輪」來命名的。這個冥想法會邀請當下可供運用的宇宙能量將你帶入一個新的空間，幫助你活化你的 DNA 變化，並加速你的進化過程。這些宇宙能量正在改變現在的你，並讓你得以轉變成較高的振動頻率。這個冥想法中，也包括了由我譜寫的背景音樂。

願你擁有美好一年的引導冥想（Make Your Year a Good One! Guided Meditation）

這個神奇的冥想法會引導你透過一連串的肯定語，準備好

迎接豐收、富足的一年。這是我為了某個委託人專門量身訂做的，跟憂鬱症奮戰多年的她，甚至無法說出自己想要什麼，只會說自己不想要什麼。我將她的每一種恐懼都轉化成最大的結果，從而產生了這些肯定語。這個冥想也包括了由我譜寫的背景音樂。

神聖治理冥想（Divine Government Meditation）

這個祈禱性質的冥想只有六分鐘，目的是請求賦予我們權利並要求神聖介入干預。我建議你每天都要使用。

三重梵音冥想 (Triple Mantra Meditation)

三重梵音冥想是直接從阿卡西紀錄傳送過來的，最初是為了協助一位委託人顯現出他更進化的版本。在那次療程後，我就被指示設計出一套任何人都可以使用的三重梵音引導冥想。這個引導冥想只有八分鐘，可以用來恢復元氣，或是治療行為、態度以及任何你希望改變的部分。這個冥想法可以讓你辨識出一個需要改進的重要領域並遵循它的指示，讓更進化的你出現，並與現在的你合而為一。據冥想者描述，這是了不起的靈性工具，幫助他們更為精進，那是他們無法以其他方式達到的水準。

其他可購買的實用資源

《揚升咒語》（*Mantras for Ascension*）

有 CD 及 MP3，包括哈索爾頌（Hathor Chant）及卡多什頌（Kadoish Chant）兩首。

《生命之花梅爾卡巴古典冥想法》（*Flower of Life MerKaBa Classic*）**DVD**

這是原始的梅爾卡巴十七式呼吸冥想法的殊勝錄音。影片長達三個多小時，我會全程引導你逐一完成這個原始冥想法的十七個步驟。

多重次元第五次元梅爾卡巴冥想法（**Multi-Dimensional 5D MerKaBa Meditation**）

這個冥想法會以一種強大的新方式，幫你開路走向第五次元的自我，並啟動第八、第九、第十、第十一以及第十二脈輪，改善你所有的冥想、增強你的滿足感以及宇宙能量流，並釋出更新的 DNA 頻率以便在體內複製。一旦你開始練習這個冥想，根本不想停下來，因為在創造實質改變這方面，它可以藉由擴展真正的你而變得極其強大。

青春之泉引導冥想（**The Fountain of Youth Guided Meditation**）

顧名思義，這個引導冥想會讓你越來越年輕。你可以與「青春之泉」（Fountain of Youth）香氛曼陀羅（AroMandalas）薰香精油一起使用，清除你的煩惱與怒氣，讓你能夠變得更寬容、更樂於接受，也幫助你的身體適應新進入的光子帶（photon belt）能量，以及清除阻止你前進的障礙。

《超越生命之花》（*Beyond the Flower of Life*），莫琳‧聖傑曼著

本書內容包括：針對你的高我進行多重次元的啟動、內在上師（Inner Guru）；進階梅爾卡巴教學、神聖幾何，以及敞開你的心。如果你想加強冥想練習，或是準備提升至下一個新層次，這本書就是為你而寫的。由紐約的 Transformational Enterprises 公司的 Phoenix Rising Publishing 部門出版發行。

《重織你的實相纖維：靈體療癒自學手冊》（*Reweaving the Fabric of Your Reality: Self-Study Guide for Personal Transformation*），莫琳‧聖傑曼著

這是一本探討靈體的書，是許多人期待已久、新近完成的

修訂版，內容全是揚升大師透過我所傳達的教導，其中包括一些儀式和召喚祈禱，好讓你保持耳目清明。重織現實可以幫助你了解並清理靈體、詛咒、自殺靈體等等。本書提供你一個機會去進行愛與光的大改造。

香氛曼陀羅® (AroMandalas®)

香氛曼陀羅是一種複方精油，由抹大拉的馬利亞所引導來清除人類的重大情緒創傷，並將人類意識提升至神性自我的高層次。這些複方精油能療癒及修復情緒創傷（見右頁表格），一旦情緒創傷被清理乾淨後，各方面的療癒與更高的意識將會紛紛出現。藉由磁化及允許進入更高的次元，這些複方精油也可用來開啟圍繞著第三次元經驗的全息圖，使得所有情緒創傷均被清除並以大量的對立物來取代。你可以在我的網站（www.maureenstgermain.com）選購這些產品。在右頁表格中，會一一描述這些複方精油如何被用於治療情緒創傷、完成療癒，以及提升意識。

神聖戒指

神聖戒指是內門哈美洲原住民教會（the Nemenhah Native American Church）在聖禮中，用來平衡元素能量的一個方法：將祝福精油塗抹在神經外科醫生謝利（C. Norman Shealy）博

士所發現的五個針灸迴路上。你可以在下列網站找到相關產品：https://normshealy.com/the-sacred-rings.

用於情緒創傷與療癒的香氛曼陀羅

香氛曼陀羅 複方精油	被取代的 情感創傷	可提供的療癒與更高意識
天使指引 Angel Guidance	無助	賦予內在力量，天使隨時提供協助。
水晶以羅欣 Crystal Elohim	缺乏歸屬感	萬眾歸一，修復原始藍圖與 DNA。
青春之泉 Fountain of Youth	憎恨／挫敗	接受：幫助細胞記憶清除集體意識的瘴氣，以反映出永恆的青春。
梅爾卡巴奧祕 MerKaBa Mystique	憤怒／暴怒	慈悲：與自己及世界和平相處。
金字塔回聲 Pyramid Echoes	失望	不評判：擺脫舊習慣與低層次四體（身體、情緒體、心智體與以太體）的無效表達。
大河之舞 River Dancing	自暴自棄	富足：喚醒滿足感與充足的表達。
轉移 Passages	失落	放下：清除狹隘、受限的信念體系，為你這一生的力量之旅鋪好道路。
梵音 Mantra	感覺被困住	自由：往前邁向更高層次的經驗。
抹大拉三部曲 Magdalene Trilogy	受害者； 犧牲者	覺醒、統一，以及達到神聖男性與神聖女性的平衡。
伯大尼 Bethany	犧牲者 （不限男女）	我的人生是為了服務他人，不是為了奴役他人。
道路 The Way	受害者 （限男性）	在真正為他人提供服務之前，自己必須先得到療癒。
智慧 The Wisdom	受害者 （限女性）	在真正為他人提供服務之前，自己必須先得到療癒。

香氛曼陀羅 複方精油	被取代的 情感創傷	可提供的療癒與更高意識
海豚之夢 Dolphin Dreams	絕望	重獲喜悅與童心。
喜馬拉雅高峰 Himalayan High	恐懼	勇氣，勇敢做夢。
安地斯鍊金術 Andean Alchemy	悶悶不樂	開啟心輪以擁抱愛的更高表達。
八面體 OCTA	羞愧	自我價值／自我接納；為個人、家庭及地球療癒業力產生的羞愧感。
阿卡西 Akasha	渴望	揚升至更高境界：了解在這個星球身為人類的意義，並參與意識轉變。
瓶中精靈 Genie in a Bottle	感覺被壓垮了	新可能性：打破那些掌控你人生的形式。
重新編織 Reweaving	感覺受到侵犯	原始意圖的表達：每一次的經驗都有益於人生旅程。
姬斐 - 獻給愛希斯的神聖香水 Kyphi-Sacred to Isis	揚升複方精油：種子能量	創造出瓶中的時間機器。
神聖旅程 Sacred Journey	揚升複方精油：種子能量	認識到身為人類的神聖性。
內在上師 Inner Guru	揚升複方精油：種子能量	喚醒你的內在上師，探索高於你目前現實經驗的次元；幫助你的冥想體驗，發現一個更安住於心的覺知。
盟約 Covenant	揚升複方精油：種子能量	有助於加強你的靈魂與俗世身體的聯繫。
匯聚 （Convergence）	揚升複方精油：種子能量	這支獨特的複方精油會觸動靈魂深處的祕密並提醒我們，我們在宇宙中並不孤獨。它帶來了靈性覺醒，讓我們能以勇氣與毅力向前邁進。

參考資料

第 2 章　從線性思考到多元訊息的處理能力

1. Jonah Lehrer, *How We Decide* (New York: Houghton Mifflin Harcourt, 2009).

2. Roy F. Baumeister, "Conquer Yourself, Conquer the World," *Scientific American,* April 2015.

第 5 章　辨識情緒能量與次元狀態

1. Mark L. Prophet and Elizabeth Clare Prophet, *The Masters and Their Retreats* (Corwin Springs, MT: Summit University Press, 2003) 158.

第 6 章　第五次元的語言力量

1. Josh Richardson, "How to Prevent Limitation and Proceed to Your Power," PreventDisease.com, March 20, 2014, http://preventdisease.com /news/14/032014_Prevent-Limitation-Proceed-To-Your-Power.shtml.

第 7 章　時間與空間的擴展體驗

1. "Introduction to GCP," The Global Consciousness Project, http:// noo-sphere.princeton.edu/gcpintro.html.

2. James Twyman, "World Synchronized Meditation Miracle," https://jt208

.infusionsoft.com/app/hostedEmail/15749367/7321f8c6578bef6a?inf_contact_key=d33eb85e0a2f4f05e99b65a6aec03b8ad091c07d14d14bef26217da7aa9898e6.

第 10 章　進入多重次元並活化高階脈輪

1. Joseph Mercola, "How Sun Exposure Improves Your Immune Function," Mercola, January 23, 2017, http://articles.mercola.com/sites/articles /archive/2017/01/23/how-sun-exposure-improves-immune-function.aspx.

2. Richard Weller, "Could the Sun Be Good for Your Heart?," TED, www.ted.com/talks/richard_weller_could_the_sun_be_good_for_your_heart.

3. Andrew Knoll, "N.H.L. Teams Dream of a Title After a Good Night's Sleep," *New York Times*, April 24, 2016, www.nytimes.com/2016/04/25 /sports/hockey/nhl-playoffs-sleep.html?_r=0.

4. Tom Kenyon, "White Gold Alchemy," Tom Kenyon.com, http:// tomkenyon.com/store/white-gold-alchemy.

5. Christina Congleton, Britta K. Hölzel, and Sara W. Lazar, "Mindfulness Can Literally Change Your Brain," Harvard Business Review, January 8, 2015, https://hbr.org/2015/01/mindfulness-can-literally-change-your-brain.

6. Endre Balogh, "Sacred Geometries—Art," Endre Fine Photographic Art, http://endre-balogh.pixels.com/collections/sacred+geometries.

第 11 章　與龍共舞，召喚神龍的意外驚喜

1. "Dragon," The MET, www.metmuseum.org/art/collection/search/471062.

2. Diana Cooper, *Transition to the Golden Age in 2032* (Findhorn, Scotland: Findhorn Press, 2011).

國家圖書館出版品預行編目資料

新時代覺活：第五次元高層次美好生活體驗 / 莫琳 ·
聖傑曼作；林資香譯. -- 初版. -- 臺北市：三采文化，
2021.01
面；　公分. -- (Spirit；26)
譯自：Waking up in 5D : a practical guide to multi-
dimensional transformation
ISBN 978-957-658-451-0(平裝)

1. 意識 2. 超心理學 3. 靈修

176.9　　　　　　　　　　　109016606

@ 封面圖片提供：
Grycaj / Shutterstock.com

suncolor 三采文化集團

Spirit　26

新時代覺活：
第五次元高層次美好生活體驗

作者｜ 莫琳 · 聖傑曼 Maureen J. St. Germain　　譯者｜ 林資香
企劃主編｜ 張芳瑜　　特約執行主編｜ 莊雪珠
美術主編｜ 藍秀婷　　封面設計｜ 池婉珊　　內頁排版｜ 曾綺惠　　校對｜ 黃薇霓

發行人｜ 張輝明　　總編輯｜ 曾雅青　　發行所｜ 三采文化股份有限公司
地址｜ 台北市內湖區瑞光路 513 巷 33 號 8 樓
傳訊｜ TEL:8797-1234　FAX:8797-1688　　網址｜ www.suncolor.com.tw
郵政劃撥｜ 帳號：14319060　戶名：三采文化股份有限公司
初版發行｜ 2021 年 1 月 29 日　定價｜ NT$480
　　2刷｜ 2021 年 8 月 20 日

WAKING UP IN 5D: A PRACTICAL GUIDE TO MULTIDIMENSIONAL TRANSFORMATION by MAUREEN J. ST. GERMAIN
Copyright © 2017 by MAUREEN J. ST. GERMAIN
Traditional Chinese edition copyright © 2021 Sun Color Culture Co., Ltd
This edition arranged with Inner Traditions, Bear & Co. through Big Apple Agency, Inc., Labuan, Malaysia.
All rights reserved.